跃升关键

新任管理者
成事的底层逻辑

A Critical Leap
New Managers' Guide to Getting Things Done

刘润 著

机械工业出版社
CHINA MACHINE PRESS

图书在版编目（CIP）数据

关键跃升：新任管理者成事的底层逻辑 / 刘润著 . —北京：机械工业出版社，2024.6（2025.1 重印）

ISBN 978-7-111-75699-6

I. ①关… II. ①刘… III. ①管理学–通俗读物 IV. ①C93-49

中国国家版本馆CIP数据核字（2024）第086441号

机械工业出版社（北京市百万庄大街22号　邮政编码100037）
策划编辑：刘　静　　　　　责任编辑：刘　静　　王　芹
责任校对：杜丹丹　　张　薇　　责任印制：郜　敏
三河市宏达印刷有限公司印刷
2025 年 1 月第 1 版第 4 次印刷
147mm×210mm · 10.5印张 · 4插页 · 190千字
标准书号：ISBN 978-7-111-75699-6
定价：79.00元

电话服务　　　　　　　　网络服务

客服电话：010-88361066　机　工　官　网：www.cmpbook.com
　　　　　010-88379833　机　工　官　博：weibo.com/cmp1952
　　　　　010-68326294　金　书　网：www.golden-book.com
封底无防伪标均为盗版　机工教育服务网：www.cmpedu.com

完成关键跃升的底层逻辑

从个人贡献者（Individual Contributor）到团队管理者
（People Manager），是一次"关键跃升"。

为什么是"跃升"，为什么"关键"？

因为支撑你做成事的"系统"彻底变了。以前你面对的是
事，现在你面对的是人。这次"关键跃升"，在你的整个人生中
都非常重要。它带给一个人的不只是升职加薪，还伴随着心智
的成熟。

可是，对很多人来说，这次关键跃升是"摸着石头过河"。

你第一次当经理，没有管理经验，只好在"吃一堑，长一

智"中逐渐走向成熟。等你修炼到总经理的高位时，关心的又都是公司的战略问题了。你没有足够的精力来帮助一线经理成长。于是，他们和你一样，为了掌握管理的基本功，又要经历一轮迷茫和苦恼，这是典型的"重复发明轮子"，极大地影响了个人和公司的发展。

于是，我们年复一年地看到迷茫、苦恼的新任经理。中国每年都有大约 1000 万大学毕业生涌入职场。长江后浪推前浪，大量的"员工"被这 1000 万大学生推上"经理"职位。这种推动力生生不息，但其实很多人并没有准备好。

甚至不少人升到总监或者更高职位时，依然没有完成"关键跃升"。比如，有不少管理者并不清楚公司设立管理岗的意义何在，进而影响到自己履职尽责；也有不少人不清楚一个优秀的管理者应该具备哪些素质和技能，进而无法明晰自己弥补短板的方向……很多公司面临着"中层塌陷"，一个重要根源就是"关键跃升"的缺失。

所以，我很想在做了 20 多年管理后写一本书，送给所有的一线经理、打算成为一线经理的员工，以及早已身居高位但依然没有完成"关键跃升"的朋友。

我希望用一本书讲清楚，从"自己完成任务"跃升到"通过别人完成任务"，在这个全新的系统里，你应该懂得的道理、需要掌握的方法以及可以使用的工具。这些都是我当年初任经理时非常渴望知道的东西。

今天，我把这些思考写成了这本书。

虽然我自知和管理学术大师比起来，远在庙堂之外，但我依然希望能从自己的管理实践中，提炼出一套实现这次关键跃升的"底层逻辑"。

什么是底层逻辑？就是不同之中的相同之处、变化背后不变的东西。底层逻辑是有生命力的。因为在我们面临环境变化时，只有底层逻辑才能被应用到新的变化中，从而产生适应新环境的方法论。

所以，这本书和传统的管理图书有很大的不同，它自成体系。

这套体系包括心法和剑法。心法包括四个跃升，即责任跃升、沟通跃升、关系跃升、自我跃升。具体来说，经理以前对任务负责，现在对目标负责；以前用自己的手，现在用别人的脑；以前大家是左右的伙伴，现在大家是上下的战友；以前追求小我的满足，现在追求大我的成就。而剑法则讲了经理的四个重要角色，即鼓手、教练、政委、指挥。这套底层逻辑将会打破许多经理的"俗知俗见"，重塑管理理念，变革管理方法。

这本书从开始筹备到出版，花了6年时间。我组建了一个包含策划、整理和编辑的团队，来协助我写作。大家反复打磨框架、修改标题、筛选案例、梳理逻辑、推敲文字，前后修改了十多轮。这是大家共同创作的。感谢我的团队。

另外，本书还有一个特别之处，那就是写作过程中有大量一线管理者深度参与，他们在书中分享了他们的痛苦、智慧和真实案例。他们的参与让本书更具现场感，更加接地气。在此，向他们表示衷心的感谢。

　　知识就是力量，希望这本书能够成为每位员工完成"关键跃升"的必备参考读物，助力大家少掉一些坑，少走一些弯路。

　　在职业生涯中，关键的就那么几步，从员工到经理无疑是其中尤为重要的一步。祝你顺利完成你的关键跃升。

CONTENTS ▶ **目录**

为什么越"不干活"的人收入越高

什么是"关键跃升"？

为什么我要写一本书，专门讲"关键跃升"？

先讲个故事。

干了5年的一线销售工作，拿了3次销售冠军，小张终于收到通知，被提拔为销售部经理。

小张欣喜若狂：从明天开始，再也不用干业务活了。市场调研、电话拜访、网络营销、汇报销售情况和销售计划等，这些工作都可以交给下属了；今后不用再遭遇打陌生电话时被冷冷挂断，送样品时被拦在大铁门外，产品掉链子时被客户指着鼻子骂，收尾款时求爷爷告奶奶，甚至孩子生病时还必须去陪客户应酬了……

兴奋过后，小张开始思考：为什么我"不干活"，不给公司跑业务拉订单，工资反而高了？老板给我升职加薪，图的是什么？我怎样做才对得起这个职位和这份薪水？小张开始担忧，如果不把老板的意图搞明白，不要说自己更上一层楼，恐怕连这个经理职位也保不住。

老板为什么提拔员工做经理，他图的是什么？

这是员工（个人贡献者）要转变为经理（团队管理者），首先必须想明白的问题。

在大型公司里，不仅有不做销售的销售经理、不做开发的开发经理，还有不做运营的运营经理。在数量上，这些"不干活"的经理和干活的人相比，是什么关系呢？大约是1：5的关系⊖。也就是说，大概每5个"干活的人"，就有1个"不干活的人"管着。

考虑到"不干活的人"的收入通常比"干活的人"还高，这绝不是一笔很小的成本。

那么，为什么需要那么多"不干活的人"去管"干活的人"呢？难道干活的员工自己不会管自己吗？老板真的需要这么多收入高、不干活的"人上人"吗？老板图什么？

⊖ 按照"每个管理者管6个下属，5～10层管理架构"计算。

图这个"不干活的人"可以专注在与"自然效率"作战上。

自然效率

什么叫"自然效率"?

举个例子,10个人被安排去种树,组织者提供工具和树苗,要求他们多种树、种整齐。怎么干?先分工:挖洞、种树、填土、浇水。然后,这10个人就开干了。

小赵去挖洞,小钱去种树,小孙去填土,小李去浇水……10个人就这样自发地忙活了起来。可是,他们干活的效率比较低:因为挖洞慢,其他人都要等洞挖好了才能开工;种树的人种完树,发现没人填土,眼看着那棵树要倒掉,只好先扶着;浇水的人打好了水,但发现前三道工序还没完成,那就歇着吧,等土填完了再浇水。

一天下来,这10个人手忙脚乱,争吵、返工、浪费、等待,最后勉强种了20棵树。这种在"自发分工,随机协作"机制下的工作效率,就是"自然效率"。

好了,现在轮到你双手插兜,吹着哨子闪亮登场了。你说:"我来指挥,你们好好干。"怎么干?

考虑到种树这件事,挖洞花的时间长,种树费的力气大,这两项工作最艰巨,因此你决定抽调6人,分成A、B两组,每组3人。A组负责挖洞,B组负责种树。累了之后,两组交换分工。

由于填土快，所以只需要安排 1 人，作为 C 组，他还能给其他三组做后援。剩下的 3 人组成 D 组，专门负责浇水。就这样，大家开干！

一天下来，他们种了 80 棵树。

按照自然效率，10 个人一天只能种 20 棵树，但是因为你带来了管理效率，10 个人一天种了 80 棵树。

20 棵树 vs 80 棵树，多种的这 60 棵树，就是你"不干活的价值"。

假如种一棵树收入 100 元，在自然效率下，10 个人种 20 棵，平均每人种 2 棵，那么每个人的收入是 200 元。

现在因为你而多种了 60 棵，创造了 6000 元的额外价值。所以，你的收入理论上就是 6000 元，是普通员工平均收入的 30 倍。

你现在明白为什么越"不干活"的人，收入越高了吗？因为虽然你"不干活"，但是"不干活"也有"不干活"的价值。

你的价值，是用管理效率打败自然效率。你的价值，就体现为在有你和没你两种情况下团队所创造的价值的差额。

你的价值 = 团队价值 ×（管理效率 – 自然效率）

要体现出你的这一价值，你需要一次"关键跃升"，一次从"个人贡献者"到"团队管理者"的跃升，一次从自己拼命干活到自己"不干活"但团队产出反而更高的跃升。

但是，很多新任经理（甚至很多"资深"经理）不理解这件事，他们总是喜欢撸起袖子就去"种树"。虽然的确很辛苦，但可能恰恰因为疏于管理，导致产出大大减少。

继续前面的例子，假设你亲自下场种树，而你并不比任何团队成员更有优势，那么你和团队加在一起共 11 个人，只能种 22 棵树，比用更有效的"分工协作法"所种的 80 棵少了 58 棵。

这就相当于，你拿着经理的工资，却没有做好作为经理的本职工作，而是去抢员工的工作干，最后让公司"亏"了 58 棵树，价值是 5800 元。

所以，到底什么是"关键跃升"？

关键跃升，就是从"个人贡献者"到"团队管理者"的跃升。这个跃升的核心，不是拥有更高的收入、更大的办公室、更受尊敬的头衔，而是从自己独立作战到带领团队"突破自然效率"。

那么，经理如何带领团队"突破自然效率"呢？

创造管理效率。

管理效率

关于经理如何突破自然效率，创造价值，我总结了一个公式：

$$管理效率 = 动力 \times 能力 \times 沟通 \times 协作$$

打个比方，经理和团队的关系，就像赛车手和赛车的关系。赛车对于赢得比赛功不可没，但操控这辆赛车的是赛车手。赛车手必须理解赛车，才能操控赛车。

这个公式就是赛车的结构（见图 0-1）。

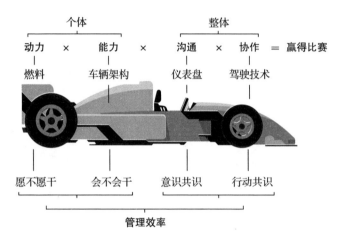

图 0-1　突破自然效率的公式

首先是动力。

要想让一辆赛车跑起来，首先要有燃料，如汽油、柴油、氢。使用不同燃料和不同数量气缸的发动机，赛车跑起来的速度是完全不一样的。如果你想让自己的赛车跑得特别快，就得让它有足够大的动力。

同样，经理想让员工跑得特别快，该怎么办？首先得让员工愿意跑，让他有发自内心的强大动力去跑。

其次是能力。

能力取决于这辆车的整体架构设计。这辆车的刹车系统用什么技术，避震系统用什么技术，轴距是多少……这些因素决定了一辆车的架构。马车怎么都跑不过汽车，汽车怎么都跑不过飞机，其能力源于其架构，这个架构决定了它能做多大的事。

对应到人身上也是如此，每个人的能力是不一样的。只靠激励不能获得能力，能力只能通过学习获得。

动力是"愿不愿干"，能力是"会不会干"，两者缺一不可。动力不能解决能力的问题，能力也不能解决动力的问题。

再次是沟通。

赛车手坐进赛车之后，面前的仪表盘会告诉他这辆车的汽油有多少、速度是多少、水箱的温度是多少、现在是什么挡位，这些都是数据。数据是用来沟通的，赛车手可以根据数据快速做出反馈，通过沟通系统，快速掌控这辆赛车。

同样，建立沟通机制是经理和团队融为一体的基本条件。作为经理，你只有和团队保持沟通，才能保证员工理解你的决策逻辑；你只有实时了解员工的进度、遇到的问题，才能保证及时做出调整。

最后是协作。

协作就相当于赛车手的驾驶技术。赛车手看到仪表盘上的数据之后，可以打方向盘，可以手动换挡，打方向盘和手动换挡都属于驾驶（协作）技术。

员工就相当于组成赛车的各种零部件，如有的人是轮胎，有的人是发动机，有的人是方向盘，有的人是联动杆，需要经理来协同。经理不仅需要设计管理的流程，来避免员工干重复的甚至相互冲突的事，还需要设计根据结果持续改进的机制……这些都是团队正常运行所必需的协作技术。

以上四个要素，其中动力和能力是针对个体的，沟通和协作是针对整体的。四个要素彼此相乘，才能得到预期的效率。之所以用乘法，是因为其中任何一个要素为 0，都会导致团队满盘皆输。

从个人贡献者到团队管理者，不是一次攀升，不是从 35 米攀升到 37.2 米，然后 37.3 米，37.4 米……而是一次跃升，是从 37 米一下子跃升到 40 米。这中间的差距，只能靠纵身一跃。

你跃过去的那个鸿沟，是两套完全不同的系统之间的差异。

这一跃，是如此之难。因为大家太想"自己做事"了。自己做事，非常可控，一切都在掌握之中。这种对掌控性的渴望，导致很多人在做了管理者之后，甚至在做了高级管理者很多年之后，都没有改变过来，总想撸起袖子亲自下场干。人似乎已经跃过来了，但心还在对面。

这一跃，又是如此重要。因为在今天，一个人想去远方，靠双脚是不够的，必须依靠车马。同样，一个人想成大事，靠自己是不够的，必须依靠团队。

这就是为什么这本书的名字叫《关键跃升》。

那么，如何跃升？

从下一章开始，我们一点点来讲。

小结

不用风吹日晒雨淋地跑业务，也不用在生产线上挥汗如雨，经理只需坐在办公室里指挥指挥、打打电话、发发邮件，跟人聊聊天、谈谈话，"不干活"却拿更多的钱，为什么？

法国科学管理专家、管理学先驱之一法约尔说："管理是组织的器官。"因为有了管理这种"器官"，公司所创造的价值一定比没有这种"器官"时所创造的价值大得多。

既然"管理是器官"，那么管理就一定有其独特的功能，即帮助干活的人突破自然效率。

有一次，我和阿里巴巴（简称"阿里"）前总裁卫哲一起聊天，聊起阿里。卫哲说："整个阿里只生产一种产品，就是'干部'。我们依靠干部，来不断突破阿里成长的'自然效率'。"

经理突破自然效率的底层逻辑，是通过优化流程，高效地连接更有动力、更有能力的人，以此创造最大的价值。

经理创造价值的公式，是"管理效率 = 动力 × 能力 × 沟通 × 协作"。

从个人贡献者到团队管理者，是一次关键跃升。

祝你顺利完成关键跃升。

学员感悟与案例

肋骨　作为经理，你的价值不在于写多少行代码，卖出多少货物，画出多少张图纸。你的价值在于你的团队因为你的工作，在有条不紊地通力合作；你的部门因为你的协调，减少了与其他部门的矛盾；你的领导因为你的存在，在做决策的时候能对当前的形势有更全面、清晰的认知。正是因为你在这些方面做得游刃有余，才会让人感觉你"干得少，拿得多"。

EdenWang　我所在的互联网研发领域有个词叫"研发效能"，是指团队能够持续为用户创造有效价值的效率；还有一个词叫"10×工程师"，是指一个高效能工程师的绩效产出是普通工程师的 10 倍。作为研发团队的管理者，我的核心工作就是努力让更多人都成长为"10×工程师"，从而提高整个团队的研发效能。

王婷婷　润总的开篇讲授，让我收获特别大，彻底扭转了心态，概括地说，就是"不要着急做具体事"。为什么这么说？

1. 合格的经理是通过制定流程和计划来提高团队效率的。

2. 经理沉迷于在一线干具体的活儿，实际是在浪费公司的资源。

3. 经理必须扭转心态，从具体的事中脱离出来，改变工作习惯，忍住不去代替员工干活，而是支持员工干活。

4. 经理的职责是给团队成员定目标并支持他们实现目标。

5. 经理的价值是让团队实现1+1＞2的效果。

以后每周我会在以下方面固定分配时间：

1. 与团队成员沟通目标、工作重点和遇到的困难。

2. 协调资源、工作内容，同步信息。

3. 拆解工作目标并复盘。

4. 与上级沟通。

5. 辅导团队成员，帮助他们解决困难。

第 1 章

心法

自我跃升

从小我的满足
到大我的成就

关系跃升

从左右的伙伴
到上下的战友

沟通跃升

从用自己的手
到用别人的脑

责任跃升

从对任务负责
到对目标负责

自己做事 ———————————→ 通过别人做事

经理的"心法"修炼

我把对"关键跃升"的思考，放在了一个公式里。

这个公式就是导论里提到的，经理创造价值的公式：

$$管理效率 = 动力 \times 能力 \times 沟通 \times 协作$$

这个公式是实现关键跃升的"剑法"。但是，在练习"剑法"之前，我想先讲讲"心法"。因为只有心法改变了，认知改变了，行为才会自然地发生改变。

这个"心法"，就是成为经理之后，接受从"自己做事"到"通过别人来做事"需要的四个心理上的跃升：责任跃升、沟通跃升、关系跃升和自我跃升。

责任跃升：从对任务负责到对目标负责

在老板给客户演示 APP 的过程中，程序突然宕机了。老板丢了面子，回公司后把部门经理小张痛骂一顿。

小张觉得很委屈，说："这件事不是我的错，都是我手下的小王没干好。我安排得好好的，讲得那么清楚，结果他还是干砸了，这能怪我吗？"

结果老板说："员工的错也是你的错啊！"

小张更委屈了："我怎么知道他会干砸呢？我的责任是把事情给他讲清楚，我叮嘱他好多遍了，就算我有责任，最多也是失察之责。我没监督好，愿意自罚三杯，但最主要的错是员工的！"

这是工作中很常见的场景。请问，这主要是谁的错？

是员工小王的错吗？毕竟代码是他写的。是老板的错吗？他在没有经过充分测试，没有确认百分之百没问题的情况下，就给客户演示APP，结果出了问题。

以上都是俗知俗见。其实，这既不是员工的错，也不是老板的错，而是团队管理者的错。

如果上级问责，经理认为是员工的错，就相当于把责任向下穿透了，经理没有"扛住"这个责任。经理不应该持有对"任务"负责的心态，认为自己的任务是分配工作、监督工作，而把事情做完是员工的责任。经理应该对"目标"负责。

每一级管理者都要能扛住上一级的所有问责，因为责任是不可以穿透的。美国前总统杜鲁门有一句名言："问题到此为止。"能扛事儿的才是大哥。

团队管理者一定要明白一件事，从员工晋升到经理，你首先需要经历一个重大的跃升。这个跃升，叫作责任跃升。你的责任从对任务负责变成了对目标负责，这是一次质变。

四种责任感

"工作的核心是责任。"组织里的不同层级承担着不同的责任。具体到个人，人们有四种不同的责任感（见图1-1）。

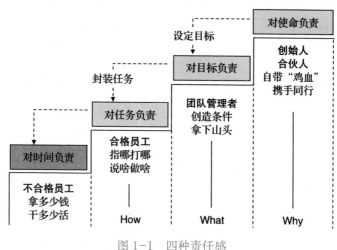

图 1-1　四种责任感

对时间负责

这种责任感大体可以概括为8个字：拿多少钱，干多少活。

有的员工每天早上9点准时打卡，下午6点准时下班，他觉得自己不欠公司的。如果作为经理你不让他走，而让他加班，那就是公司欠他的，那公司给足加班费了吗？就算能多干他也不干，因为公司给他的钱就这么多。这个员工的心态就是对时间负责。就像老祖宗唱的："日出而作，日入而息。凿井而饮，耕田而食。帝力于我何有哉。"这种职场人，打工打出了独立洒脱的味道。但经理和老板会看着不顺眼，其后果可能是被迫离职走人，换个地方拧螺丝。

对任务负责

这种责任感也可以通俗地概括为 8 个字：指哪打哪，说啥做啥。

员工问："经理，你找我干吗？"经理吩咐他去接一个人。过了一小时，他回来了，问："经理，我回来了，接下来干吗？"经理又吩咐道："你帮我把这份报告整理一下，梳理出客户不满意的主要原因。"员工答道："好，我尽快整理报告。"这个员工的心态就是对任务负责。他并不去理解自己所做的任务是为了达成什么目标，只要是上级交代的，就使命必达。

有相当一部分的员工确实就适合执行具体的任务，经理把任务描述得越详细具体，他们执行得越好。作为员工，他们服从命令听指挥，是公司打胜仗的基础。

对目标负责

这种责任感也可以通俗地概括为 8 个字：创造条件，拿下山头。

拿下山头是老板定的目标，至于怎么拿下，那得靠员工自己创造条件。对目标负责的时候，执行力虽然也重要，但主要用的是思考力，这是从动手到动脑的一次跃升。

对目标负责，本质上是企业把千头万绪的执行问题封装成一个目标，然后配置相应的资源，交到经理手上，经理要拿着资源，对目标负全责。

假设经理手下有 10 个员工，这 10 个员工每天要做很多事，这些事还要来回调整，如果经理事无巨细地向老板汇报，老板会一头雾水。经理就是责任的"封装器"，可以用目标这个容器（比如部门年销售额达到 1000 万元），封装 10 个员工加在一起可能承担的 100 个任务，这样老板的管理将会变得轻松，这就是团队管理者的价值所在。因努力完成了很多任务而感到"问心无愧"，出了错就对上级大谈自己的"苦劳"，这些都是经理不成熟的表现。

对使命负责

这种责任感也可以通俗地概括为 8 个字：自带"鸡血"，携手同行。

如果一个人是真的发自内心地相信公司的使命，他就会有强大的内在驱动力，也就是"自带'鸡血'"。从完成目标到达成使命，是职业生涯的又一次跃升，这一次是从动脑到动心的跃升。那么，什么层级的人需要完成这一跃升呢？

企业里不同层级的人要有不同的责任感。对时间负责的人，基本上是不合格的员工。企业对员工的基本要求是对任务负责，他们要知道 How（怎么做）；企业对经理的基本要求是对目标负责，他们要知道 What（做什么，即部门要达成什么样的目标）；企业对创始人或合伙人的基本要求是对使命负责，他们必须理解 Why（为什么做，即公司要达成什么样的使命）。

我们从上往下看企业运营。创始人或合伙人之所以创立一家公司，是因为有想要达成的使命。为什么称为"合伙人"？就是因为大家都相信这个使命，都愿意为这个使命而合作、奋斗。微软的"让每个家庭的桌上都有一台电脑"、阿里巴巴的"让天下没有难做的生意"、小米的"让每个人都能享受科技的乐趣"，这些都是企业的使命。

把目标拆解成任务

那么，团队管理者怎么才能做到责任跃升呢？怎么才能在心理上"断奶"，从对任务负责到对目标负责？怎么从别人交代你"怎么做"，到交代你"是什么"就可以了呢？

第一，要懂得拆解目标。

目标只能"面对"，没法"执行"。我们只听说过执行任务，没听说过执行目标，你必须先把目标拆解为任务。拆解不同于拆分，拆解是做乘除法，拆分是做加减法。做加减法很容易，但成为经理之后，我们要学会做乘除法。

有一次我辅导一个电商团队。老板给经理定了一个目标，今年要完成 5000 万元的服装销售额。经理立马跟我聊："我的团队里有 5 个小伙伴，每人完成 1000 万元行不行？"我说："这是不行的，这是做加减法，是拆分，不是拆解。"

拆解是做乘除法。基于对业务的深度理解，可这样拆解销售目标。

$$销售目标 = 店铺粉丝数 \times 转化率 \times 客单价$$

首先得知道店铺的粉丝数，就是有多少人关注你的店铺；再看平均每天有多少人会下单购买，得出日订单量的转化率；最后是看客单价，用户平均买了 500 元的东西，还是 1000 元的东西。

这个经理最后把 5000 万元的年度销售目标（假设一年工作 300 天），拆解为"17.5 万粉丝 × 2.4‰ 转化率 × 400 元客单价 × 300 天"。其中，最大的难点在于第一个要素，店铺粉丝数要达到 17.5 万人。

这就是我们所说的拆解目标。

第二，拆解完目标之后，再进行拆分。

我们以粉丝数的拆分为例，将达成 17.5 万粉丝的目标拆分为季度目标：第一、第二季度的任务要更重些，这样上半年的业绩数据才不至于难看。然后怎么做？大家纷纷出主意：第一，通过优质短视频加粉；第二，通过裂变加粉，以打折等优惠活动推动用户分享店铺给朋友，朋友加粉后再分享给各自的朋友；第三，通过平台做推广活动，用便宜商品引导加粉。这三个任务分别由不同的员工负责。

经理把目标拆解为任务之后，每个员工就可以专心去忙自己的任务。如果之后还是没达成目标呢？这时候经理要记住一句话，"降妖除魔你去，背黑锅我来"。经理要扛住这个责任，因为团队管理者要承担目标层面的后果，而员工只承担任务层面的后果。

小
结

企业里不同层级的人有四种责任感：对时间负责、对任务负责、对目标负责和对使命负责。后三种的本质是How（怎么做）、What（做什么）和Why（为什么做）。

对目标负责，本质上是企业把千头万绪的执行问题封装成一个目标，然后配置相应的资源，交到经理手上，经理要拿着资源，对目标负全责，"咬定青山不放松"。对上，经理封装了整个团队的所有责任，要做到责任不穿透，"甩锅"给下属的行为是很掉价的。

对目标负责具体该怎么做？先拆解，再拆分。拆解是做乘除法，拆分是做加减法。

经理要向能"扛事儿"跃升。你扛得起多大的目标，就能成多大的事业。

学员感悟与案例

　　杨正　对时间负责的人，遇到挫败时会说"我一直都在忙，又没闲着"；对任务负责的人，遇到挫败时会说"该做的我都做了，问心无愧"；对目标负责的人，遇到挫败时会说"一定有办法能走出去，继续寻找"。

关关　磨刀不误砍柴工，理解自己的角色定位及责任定位，在我看来也是一种磨刀。只有厘清思想层面的逻辑，明白了自己的职责，接下来的具体工作才会更有重点、更聚焦，你才会投入更多的时间去做正确的事情。

涂发胜　虽然说员工对任务负责，管理者对目标负责，但是我个人认为让员工了解目标，能更好地提升他们的积极性，促使他们更认真地对结果负责。

伯北　有了目标感，你可能会成为一个出色的管理者，但你可能并没有成就感，并且感觉很累。润总提到了目标感之上的使命，这可能是驱动经理走得更远的决定性因素。

沟通跃升：从用自己的手到用别人的脑

经理把目标拆解成任务后，接下来就要和员工沟通任务了。

经理小张交代完任务后，发现员工没什么反应。小张问，你听到了吗？员工答，听到了。过了几天小张又问，你做了吗？员工说，没做。小张说，那你赶紧做啊！员工说，可我不知道怎么做。小张说，那你之前怎么不问呢？然后，员工问了几句后就开始做了。做完之后，小张发现员工所做的达不到自己的期望，就问道，你当时听明白了吗？员工说，听明白了。小张让他说说看听明白了什么，结果发现员工并不太理解自己的意图。

小张有种一拳打在棉花上的巨大无力感，员工不按照他的意图做事，任务时间到了又拿不出他想要的结果。就像莫文蔚的歌中唱的，"你讲也讲不听，听又听不懂，懂也不会做，你做又做不好"。他觉得自己对整个团队是失控的，随之而来的焦虑感让他抓狂，他强烈地渴望把控制权牢牢地掌握在自己的手上。

升任经理之后，沟通之所以重要，从"心法"的层面来看，其实是因为过去你自己能完成的任务，现在要通过员工来完成，沟通机制发生了变化，你正在从"无损沟通"走向"有损沟通"，这是一次重大的跃升。

有损沟通

我们先来理解什么叫"无损沟通"。当我们还是员工的时候，我们是自己跟自己沟通，自己的大脑和自己的双手进行沟通，心到、眼到、手到，一气呵成，想到就能做到。我们把这叫作"无损沟通"。为什么？

请你想象一个场景：你自己去拿一杯咖啡喝。

你先产生了一个念头——我要喝咖啡，然后用手拿起一只咖啡杯，把杯子放到嘴边，喝上了一口，整个过程如同行云流水，简单自然。

如果认真分解，你会发现这里边有大量的沟通。核心的沟通步骤有两个：一是你的大脑让你的手去拿咖啡，你的想法是无损的信息传递，完整度是百分之百；二是你的手接收到信息后，马上付诸行动，大脑如果想喝温的，它会等咖啡凉一凉再把杯子送到嘴边，手对大脑指令的接受度是百分之百。

你既是决策者，也是执行者，因此想法传递有着百分之百的完整度，行为是百分之百的接受度。这个沟通效率是极高的，只不过你以前没有意识到。

现在情况不同了，成为团队管理者之后，你是决策者，员工是执行者，决策和执行分离，就出现问题了。

我们要知道，从自己的大脑指挥自己的双手，变成自己的大脑指挥别人的双手，沟通过程中多了两个中介（见图1-2）。第一个中介是自己的嘴，你大脑里的信息要通过自己的嘴传递出去。第二个中介是员工的大脑，它要接受信息，再把信息传递给双手。

这两个中介造成了两个问题。第一个问题是，自己的嘴传递信息的时候，造成了信息的损耗，完整度不是百分之百。第二个问题是，员工的大脑接收信息之后，是否真正认同你的指令，现实中往往接受度也不是百分之百，会有信息的损耗。这就叫"有损沟通"。这两种损耗在本节开头的沟通场景中都存在。

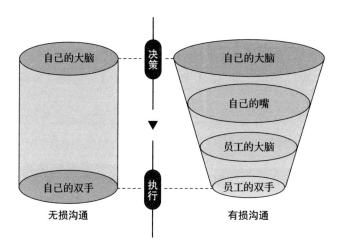

图 1-2　无损沟通与有损沟通

管理者的嘴和员工的大脑，这两个沟通中介造成了巨大的损耗，这是团队管理者出现沟通困境的根本原因。

所以，从员工晋升到经理，你需要经历的第二个跃升就是：从"无损沟通"的无须技巧，到具备应对"有损沟通"的高超技巧。

那怎么做呢？

高手从不否定对方

从员工晋升到经理，就是从管自己变成管团队；就是从修身转变为齐家；就是从继承一个进化了百万年的成熟沟通系统，到新开创一个系统去管理运行。其难度可想而知！

为了达成目标，再难也得上。我将在第 4 章"沟通"中向大家详细介绍三套沟通的"剑法"——想明白、讲清楚和能接受。在本节中，我们先来学习沟通的"心法"——四种话术。我要讲的这四种话术（见图1-3），前面三种都是从各路高手那里学到的。

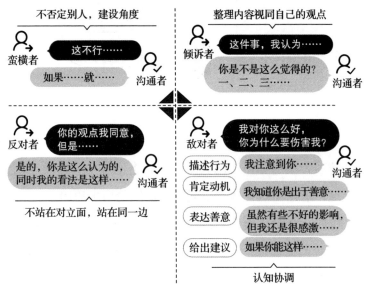

图1-3　四种沟通话术

不要说"这不行"，而要说"如果……就……"

我以前有个老板，他是微软大中华区的副总裁，我特别尊敬他，我们经常一起聊天。有一次聊天时，他跟我讲了"如果……就……"这个话术。

他说他以前的老板是惠普的CEO，还竞选过美国总统。他跟老板谈事的时候，老板从不会说"你这里不对"。老板会说：太好了，"如果"你能再加上这个东西，这件事儿"就"更有机会实现了。

他的老板从不否定别人，而是以建设性的方式跟人沟通，你缺块砖，就给你加块砖，你缺根木头，就给你加根木头。"如果……就……"，"如果"的后面就是他加上去的建议。

不要说"but"（但是），而要说"yes...and..."（是的……同时……）

不说"但是"，而是说"是的……同时……"，和说"如果……就……"一样，你在不否定员工的同时，还提供了更好的建议，接受度会更高。

这是我和几个领教工坊的领教去参加世界顶级 CEO 教练马歇尔·戈德史密斯（Marshall Goldsmith）的工作坊时学到的话术。

戈德史密斯说，今天我们放一个盒子在前面，任何人都不准说"但是"，一旦说了"但是"，就要往盒子里放 10 美元。在随后的沟通过程中，经常有人会说："你的观点我很同意，但是……"一听到这句话，戈德史密斯就请他往盒子里放 10 美元。后来大家都非常注意，但还是时不时会说出"但是"，并因此不断掏出 10 美元。

这让大家非常震惊，参加工作坊的人都是很注意沟通的人，却还是不止一次地说出"但是"。戈德史密斯说，为什么不能说"但是"，因为一说"但是"，你就和对方站在了对立面。而只有你和对方站在同一边的时候，才更加有助于达成共识。

所以，我们在沟通中要尽量减少说"但是"和"不过"，而要说"同时""以及"。比如，当对方的观点你并不认同，且你有自己的观点时，你可以说，"是的，你是这么认为的，同时我的看法是这样的"。你没有说"但是"，你说的是"是的……同时……"。

"你是不是这么觉得的？"

这种话术是罗振宇老师教我的。他曾在央视工作，经常要采访很多人，被采访的人大多没有接受过表达方面的训练，往往会一口气说很多。他不能说人家啰唆，他会在听完之后说，我帮你总结一下，你是不是这么觉得的？然后他说出第一点、第二点、第三点……他的总结通常会更加清晰，对方听完后觉得这确实是自己的意思，就会表示认可。这样，他就可以按照自己总结的几点来整理文字了。

当你说"你是不是这么觉得的？"的时候，对方就会把接下来你整理过的内容当成他的观点，你的观点的接受度就会得到极大提升。

"我知道你是出于善意"

这种话术是我自己总结的。

你在与下属沟通时，有时他是抵触的，有时他就是想让你难堪，有时他只是要证明自己能力强，跟你观点不一样。

这时你千万不要跟他当面对质，说："我对你这么好，你为什么要伤害我？"这样你们会争吵起来。这么做，可能当下制止了他对你的不利和伤害，但你也会因此多一个敌人。

因为没有人会认为自己是那个"坏人"，就算他做了坏事，他也一定为自己找好了理由。哪怕你戳穿了他，他也一定会本能地从认知协调出发，维护自己的动机，于是他就会记仇。

因此，我们不能攻击对方的"动机"。我们可以这么沟通：我注意到你最近做了件什么事（描述行为），我知道你是出于善意（肯定动机），我看出来了，你还瞒着我，我非常感激，谢谢。

虽然这份善意没有真的起到作用，甚至对我有一些不好的影响，但我还是很感激（表达善意）。如果你能这样做，就更好了（给出建议）。

如果你一直坚持这么说，对方就会相信：自己做这件事，就是出于善意，自己是好人（这很重要）。

一旦对方的认知改过来了，同样出于认知协调的原因，他就会修改自己的行为，让自己所做的事情符合善意这个动机。

小结 本节我们学了从个人贡献者到团队管理者的第二个跃升——"沟通跃升"。

在做员工时，我们自己的大脑跟自己的双手进行沟通，信息传递有着百分之百的完整度和百分之百的接受度，这是想法和行动无缝连接的"无损沟通"。

成为团队管理者后，我们通过别人来干活，决策和执行分离，我们要用自己的大脑指挥对方的双手，这时是"有损沟通"。我们的嘴导致了信息完整度的损耗，他们的大脑导致了接受度的损耗。双重损耗之下，布置的任务往往完成度很差，这时团队管理者往往会产生失控的焦虑感。

那该怎么办呢？要努力实现"沟通跃升"，从自己知道怎么干升级为让他人接受这么干。本节先告诉你沟通的"心法"——四种话术："如果……就……""是的……同时……""你是不是这么觉得的？""我知道你是出于善意"。富有建设性，是这些话术的内核。

四种话术能够助力新任经理实现从青铜到王者的沟通跃升。

学员感悟与案例

周树涛　有时候，我以为自己说明白了，但其实有歧义，不清晰。工作中连简单的数量信息都有可能传递错误，更别说复杂的指令了。重要的事确实要说三遍，但不是简单地重复三遍，而是要有3倍的信息冗余，以保证信息传递的准确度。

　　小光　权力分为三种，即法定权力、专业权力和魅力权力。想让自己的脑指挥别人的手，要充分理解并运用权力的作用机制。如果你只有法定权力，现在年轻的员工根本就不听你的，因为"90后""95后"年轻人的成长环境更多元，家境相对优越，个体意识很强，对权威不盲从。所以，团队管理者应将其他两种权力发挥到极致。也就是说，要想指挥优秀年轻人的手，你有两条路：一是让他们佩服你，二是让他们喜欢你，当然，最好是兼而有之。

关系跃升：从左右的伙伴到上下的战友

　　我们继续修炼"心法"，谈谈从员工晋升到经理的第三个跃升：关系跃升。

　　你刚刚升为经理，发现自己和同事的关系在不知不觉间改变了。你当上部门经理，通常有两种可能：一种可能，你是空降的，你从公司内部的一个部门调到另一个部门当经理，或者你从公司外部调过来，下面的员工以前并不认识你；另一种可能，你所在部门的经理走了，你因为业绩突出，被提拔为经理。

发生第二种情况，你先是觉得很高兴，同事们也祝贺你。但是你慢慢发现，大家对你的态度发生了很大的改变，本来无话不谈的同事不再像是朋友，有事情也不跟你说了。你有种关系微妙的感觉，甚至有点害怕，很想回到从前那种关系。刚升为经理，你也想不出什么好办法，于是就下楼买冰激凌请大家吃，希望释放善意，挽回大家的朋友关系。

请问这种做法对吗？

释放善意是对的。但是，想做回朋友就不对了。

这听上去非常扎心。为什么呀？做朋友难道不对吗？

什么是朋友？朋友之间是对人不对事的关系。当你的朋友和别人吵架时，哪怕是因为他开车追尾而要负全责，你也会认为是别人的错。当你把对方当朋友的时候，对错的优先级就会往后排，你跟他的关系就会往前排。因此，不管他有没有道理，你都会帮他出头，因为你们是朋友。

当你们是同级的员工时，你们是朋友，会一起吐槽老板、公司和客户，一起做事，一起加班。就算你觉得老板有道理，也会跟他一起吐槽，因为你们是朋友，你们之间是对人不对事的关系。

所以，为什么说回到朋友关系就不对了？因为对人不对事的关系只适用于朋友，不适用于上下级。

那么，怎样的上下级关系才是对的呢？

对事不对人

同级的员工，是左右的伙伴。左右的伙伴的本质，是我不用对你的"事"（也就是业绩）负责。作为同级的员工，你我是左右相交的两个圆。在大部分情况下，我做我的，你做你的。我们之间偶尔会有合作，基本上是没有直接竞争的。就算伙伴没完成业绩目标，就算他做不到老板要求的事，就算他偶尔偷懒，你也不用为他的事情负责，也没有权力去管他。在这种情况下，你很容易对人不对事。

经理与员工，是上下的战友。上下的战友的本质，是里外嵌套的两个圆，经理是大圆，员工是小圆，大圆包含小圆。员工的责任是经理的责任的一部分，经理要对员工的责任负责。你做得不好的部分，过去跟我没关系，现在跟我有关系了。

这个时候，作为经理，你的关注点不再仅仅是这个人，更重要的是他身上所扛的那些事。因此，你更容易对事不对人。

从员工晋升到经理，从左右的伙伴到上下的战友，本质上是从对人不对事走向对事不对人（见图1-4）。

这个时候，小伙伴们会特别不适应，作为经理的你也会特别不适应。员工之所以难受，是因为你对他有权力了；你之所以难受，是因为他对你有责任了。

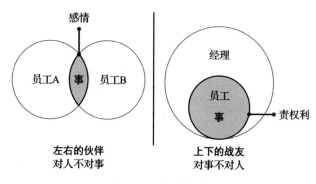

图 1-4 关系跃升

你们之间的关系，从基于"感情"，到基于"责权利"，彼此都是对方的利益相关方。

公司不是家

该怎么实现关系跃升呢？

关系跃升首先是一种认知上的重大跃升，也是一个心理建设的过程，还是一个先打碎再重建的过程。

第一，在认识上，清醒地剖析双方关系的本质。

经理和员工的关系既不是家人关系，也不是朋友关系，而是战斗友谊。

我们说面对朋友时是对人不对事，面对家人时更是极端对人不对事，你是不能开除你的家人的。有的公司经常讲"我们是一家人"，这是错误的，因为你们本质上不是家人。

有一次，一家外企的中国市场负责人召开一个大会，一位来自美国的全球副总裁也来参加，负责人觉得挺有面子，于是邀请手下的高管上台发言，好好表现一番。有个高管说，下午我太太刚生了孩子，我都没有回去看她，因为这几天一直在加班，我们对公司的热爱是非常深厚的。

负责人听了觉得特别自豪。但这时这位副总裁忍不住了，他说了一句，"这是不对的，在这种情况下，家人是更重要的，他们才是你真正的家人，公司永远不可能是你的家"。

为什么这位副总裁会说出这句话呢？因为公司和家的责任、权利与义务是非常不同的。父母对孩子有养育的责任，必须把孩子养大，父母没有把孩子开除的权利，同时孩子对父母是无条件地付出，这是一种责任，也是一种义务。公司不是这样，公司对员工有管理的责任，员工对公司有完成业绩的责任，公司是有开除员工的权利的。

为什么有些公司对员工说公司是家呢？因为它们希望员工对公司无条件地付出，就像孩子对父母无条件地付出一样，可是它们并没有放弃把员工开除的权力，这是很不对等的关系。员工与公司只是合作的关系，公司是一个单独的生命体。

记住，经理跟员工，第一不是家人，第二不是朋友。

公司或团队是一个战斗单元。是战斗，就有战斗目标。大家是为了达成目标而集结的，一旦目标达成，可能就会解散。这个战斗单元会长期存在，但是战斗单元中的人会时常更换，有人会加入，有人会离开。在战斗中，大家会结下深厚的情谊，但这种情谊依然是战斗情谊。我们在这里际会，但我们不是家人关系，也不是对人不对事的朋友关系。

所以第一点，要清醒地认识到，经理和员工不是家人，也不是朋友，是为了达成目标聚在一起的，而不是为了交朋友聚在一起的。这是一个非常痛苦的认知，需要打碎再重建。

第二，在行动上，经理要和员工保持亲而不密的关系。

经理和员工的沟通可以非常多，但前提是不违背原则。作为经理，你要让员工明白，他能如鱼得水，一定是因为承担了更大的责任，而不是跟你有更近的关系。

什么叫"亲而不密"？经理对员工一定要认真地关心，比如关心他们的身心健康，关心他们的持续成长，但是不要保持那么亲密的关系，因为越亲密的关系，越容易导致对人不对事。

如何做到"亲而不密"呢？

首先，千万不要拿员工的一针一线。

在一些公司，员工很喜欢给上司送东西，上司也觉得自己很受尊重，那就拿着。员工这次送了家乡的大米；下次送了父母亲手做的牛肉；过段时间又送了个空气净化器，说正好在打折，顺便给您买了一个；再后来甚至送了新款iPhone。一旦拿了员工的东西，经理就很难在责任上对员工严格要求——"拿人手短，吃人嘴软"。有的员工送多了东西，觉得自己跟经理更亲近，甚至会恃宠而骄，仗势欺人，制造团队分裂。

其次，日常交际时不要显得关系过于亲密。

在日本，经理和经理一起吃饭，员工和员工一起吃饭，不同级别的人，不在一起吃饭。这样势必会产生一些隔阂，但我们要理解这样做的目的：上下级保持亲而不密的关系。如果关系太亲密了，如经理和员工下班一起喝酒，喝得酩酊大醉，第二天就很难要求他们勤奋工作；布置任务的时候，员工也可能毫无顾忌地讨价还价，毕竟你们是这么亲密的关系。

小结　从员工晋升到经理的关系跃升，本质上是从相交的圆变成包含的圆。你开始对他有权力，他开始对你有责任。

你们的关系，从基于"感情"的左右的伙伴，变成了基于"责权利"的上下的战友。

作为团队管理者，你要清醒地认识到，你和员工不是家人，也不是朋友。你们之间是战斗情谊，大家为了共同的战斗目标而相聚在一起。达成目标才是你们在一起的原因，要懂得从对人不对事转向对事不对人。

做到亲而不密，是很痛的跃升。只有完成了这个跃升，你才能成为真正的管理者。古人有句话，叫"慈不掌兵"。如果一个将军看到触犯军规的部下即将受到惩罚，会于心不忍出手叫停，并且觉得任何一个将士的牺牲都是不能接受的，那么他就不宜也无法带兵打仗。这就相当于管理者对下属宽容到不设红线，并认为任何一个员工都是不可以裁掉的，这样的话团队就无法前行。你我是战友关系，我们可以相互保护，但在必要的时候，你也可能对其挥泪一别。

学员感悟与案例

小光　从你被提拔到管理岗位到大家认可你的管理，是存在时间差的。在这个时间窗口，不要一上来就啃硬骨头，跟"反对派"死磕，死磕往往是磕不动的，因为你缺乏根基。你应该先好好工作、展现实力，争取得到上级领导的肯定和下属中中间派的拥护。

EdenWang　作为新任经理的我，有一次开会时与一个资深组员争执得面红耳赤，谁都说服不了对方。那时我忽然意识到，其实我们的方案都有合理的地方，但是碍于面子谁都不愿意退让。于是，后来我在需要做重要决策的会议前，都会先私下跟组员沟通，了解每个人的想法和诉求，再做一些协调工作，确保跟每个组员都能基本达成一致后，再开会把事情敲定下来。这样一来，激烈的争执就不会发生了。

关关　我的领导经常讲一句话，"小善如大恶，大善似无情"。人的惰性很强，很多人需要督促，需要被人要求。上司不讲情面，按照要求该批评就批评，该严厉就严厉，坚定地对团队目标负责，看似心硬、心狠，其实这才是真正为所有人好。

黄安琪　升任经理后，我跟两位原先的朋友、现在的下属约了个下午茶聊天，明确了三点：①指出目前他们工作中有哪些方面是需要改善的，不然会阻碍他们的进步和成长；②表明了我的立场，工作之外我们是朋友，但是工作中的共识要不打折扣地执行到位，对任何打感情牌的行为零容忍；③如果不能接受，可以申请换部门，免得影响朋友之间的感情。

自我跃升：从小我的满足到大我的成就

从员工晋升到经理的第四个跃升，是"自我跃升"。

你和老板讨论一个问题。本来聊得好好的，但当你提出了一个不同观点时，老板突然间脸色变得很难看。他本来是非常友善的人，有时还会跟下属开点小玩笑，这时却想尽一切办法来压制你，说你不知道全局，同时想方设法来证明自己是对的。

你觉得很奇怪：老板怎么变得这么固执，是你的观点错得离谱吗？

不是，你的观点可能是有道理的，甚至老板可能也是同意的。但他不会表现出自己是同意的，因为他没有办法在下属面前承认自己是错的。

我把这种现象称为"瞬间顽固症"。证明他是对的，比证明这件事本身是对还是错更重要。

有的时候我们不是为了赢得胜利，而是为了赢得辩论。为什么会这样？因为他心中的自我（ego）边界太小，能量太强。其实，这个问题你身上也有。

把自我的边界扩大

什么是自我？

猎豹移动（原金山网络）CEO傅盛对"自我"的看法我比较认同，他认为，"自我"是非常感情化的东西，它会在人的内心建立起一种心理防御机制。因为你不喜欢犯错误的感觉，你的本能就总想强行辩驳，别人一批评，你就怒了；因为你害怕面对复杂的东西，你就本能地希望把问题简单化。你的出发点不是为了面对现实，而是充满了"我我我"——这就是自我的障碍。

　　孩子一开始没有自我的概念，他以为自己与世界是共生的，妈妈也是自己的一部分，因此妈妈一离开他就觉得难受，想哭。照了镜子后，孩子初步有了自我的概念。等到长大后，独立了，自我就更明确了。我的，你的，分得很清楚。做了父母之后，自我的边界会扩大，孩子变成了自我的延伸。

　　你的同事做得比你好，你会有点嫉妒，因为同事在你的自我边界之外。但是你的孩子做得比你好，你会嫉妒吗？不会的。你甚至会因为孩子做得比自己好而更加高兴，因为孩子进入了你的自我边界内。他做得好，就是你的更大的自我做得好。

　　一个人的成长，就是从没有自我边界到形成自我边界，再到延展自我边界的过程。自我边界越大的人，越能做大事。

　　一个人刚步入职场时，还很年轻，也没有接受过训练，他的自我边界会很小，局限在狭小的个人范围之内。

　　自我的边界很小，能量却很强大，为什么？因为一个人一旦自我认知不协调，就容易产生心理创伤，所以他必须有能量很强大的自我，来保护自己不受伤。当你是员工的时候，有较小的自我是可以的。但是从员工晋升到经理后，这就有问题了，你会不断面临关于自我的挑战，可能会产生三种重要的害怕：

▶ 怕自己被证明是错的。

▶ 怕下属的能力超过自己。

▶ 怕下属的影响力超过自己。

为什么会这么害怕？因为你心中的自我，渴望安全感、归属感、成就感和自我实现。一旦下属证明了你是错的，他超过了你，或者他的影响力大于你，你的自我的这些需求就不可能得到满足。

所以，如果从员工晋升成为经理后，你的自我还局限在自己一个人的范围内，我们称之为"小我"，你就很难面对和处理好与员工的关系。这个时候，你必须经历一次重大的跃升。你要把自我的边界扩大，扩大到可以将整个团队包含进来。你必须超越"个人主义"，具备"集体主义"精神。这是一次非常难的，但是极其重要的跃升（见图1-5）。

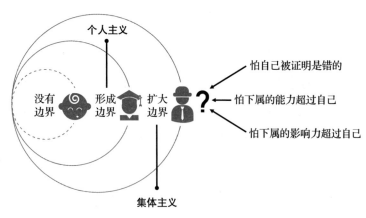

图1-5 自我跃升

抵触情绪的源头

关于自我跃升，我给大家讲一个我在得到 APP 写《商业洞察力 30 讲》课程讲稿的故事。

当时我已经在得到 APP 完成了两季《5 分钟商学院》共 600 多讲的内容写作。从篇数上来看，20 倍于《商业洞察力 30 讲》，应该说是经验丰富的写作者了。

而且，我对自己的文字，要求非常高。我在案例、起承转合、情绪、长短句搭配、标点符号、分段、层层推进，甚至在用"推"还是用"敲"上都花了大心思。所以，我写东西非常慢。写完之后再删，删完之后再改。最后，我把 4000 多字的初稿精炼成了 2000 多字的文章，交给了编辑。

然后，得到的编辑团队给了我反馈："这篇文章太棒了，非常完美，但如果一定要在鸡蛋里挑骨头的话，如下 99 点，请修改……"

如果是在 30 岁之前，我可能立马就怒了：你看懂我埋设的伏笔了吗？你明白我这样措辞的情绪拿捏吗？你知道我从 5 条逻辑线中艰难取舍，最终选择这 1 条的 30 个原因吗？30 岁之前的我会回复："请不要动我的文字。"

可是，我这么回复，真的是因为觉得我的表达是完美的吗？其实不是。至少不完全是。30 岁之前的我会带着情绪这么回复，现在想来，那是因为心中的"自我"受到了挑战。我不能接受别人说我错了，更不能接受自己认为自己错了。

对于我花了那么多时间写的东西，还被认为是错的，我更是无法接受。这是在怀疑我的智商，怀疑我的能力。你是谁？你凭什么怀疑？

但是，现在的我真的完完全全不会有这样的情绪。我似乎可以飘在空中，看着一个叫"刘润"的人在读编辑的建议。空中的我完全没有情绪。刘润在我心中是"他"，而不是"我"。我会心平气和地理解编辑的建议，推测提建议时他们的思考路径，想象他们在会议室里讨论时热火朝天的场景，甚至会忍不住笑出来。

然后，作为旁观者，我告诉"刘润"：这些建议中，有些是非常有道理的，可以立刻改；有些只是编辑的个人习惯，不改可以，改了也可以。"刘润"问：那改不改？我会微笑着告诉"刘润"：改吧，改吧。尽管改不改都可以，只是习惯问题，但是你改了，就能激励编辑，让他觉得自己的建议有价值、被接纳了。虽然你花了更多的时间，但是你会收到更多的好建议，从而把课程变得更好。

从 2018 年 10 月到 2019 年 5 月，非常勤奋的我利用一切不出差的时间死磕自己，花了七八个月，把 30 节课程写了 5 遍。比《5 分钟商学院》150 节课花的时间（半年）还长。最后我翻看"刘润"的文字，第 5 版与第 1 版确实有天壤之别。

我的小伙伴们帮我整理公众号文章时，我也有这样的感受。小伙伴们整理的文字，最后可能要经过修改才能发布。

有的小伙伴立刻就不干了，情绪很大；有的小伙伴冷静地阐述为什么不能改，然后静静地改回去。这些"不愿改"的背后，当然有自己的道理，但其实很多仅仅是因为"自我"的情绪：改我的文字，触犯到了我心中的那个"自我"。

分享这些感悟给你，希望能帮助到你。因为这种"不住在自己心里"，我不是"我"而是"他"，心中没有自己、只有目标的状态，是很难修炼的。这也是为什么古人说"60而耳顺"。

为什么到 60 岁才能耳顺？因为你需要先花 20 年建立"自我"，再花 40 年战胜"自我"。

祝愿大家都能早日战胜自我，"旁观自己"，不用等到60 岁才耳顺。

关注全局效率

怎么扩大自我的边界，完成这个最难的跃升呢？

经理要懂得关注全局效率，把关注点放在更大的格局上（见图 1-6）。

第一步，从个人级别的自我，走向父母级别的自我。

你把那些员工当成自己的孩子，你看着他们成长，希望他们超过自己。父母的成就感来自孩子的成就，所以经理要训练自己具有父母的心态，别怕教会徒弟饿死师傅，同时要用望子成龙的心态去对待下属。

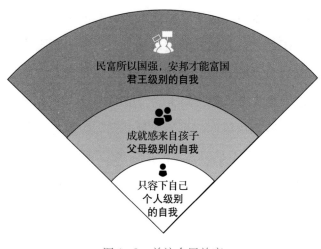

图 1-6　关注全局效率

第二步，从父母级别的自我，走向君王级别的自我。

君王心态是民富所以国强，安邦才能富国。有一天，当你从一个职业经理人、一个团队管理者变成一个真正的企业家的时候，就需要这种君王心态。

不论是父母心态还是君王心态，作为经理，你都是站在团队所有人背后的那个人。

我们常说"家国天下"，从"个人"走向"父母"，就变成了齐家的胸怀；从"父母"走向"君王"，就变成了治国平天下的胸怀。一个人的格局、胸怀、气度，指的就是这个人的自我包含了多少东西。如果一个人的自我能将整个国家、整个地球甚至整个宇宙都包含进去，那么他的格局、胸怀、气度就都会达到一个全新的高度。

　　经理要靠团队的成功来获得成功，这就至少要走出第一步，把自我的边界往外扩一层，把下属全都划进来。放大自我并不意味着牺牲自己，下属的成功就是你的成功，他们的快乐就是你的快乐。这时你才是真正能成大事的人，你才为将来成长为 CEO 做了更好的准备。

小
结
自我是非常感情化的东西，它会使你建立一种很强的心理防御机制。

> 很多员工晋升为经理后，遇到的一个重要问题是，他们心中的自我是"小我"，就像一颗松子，外壳很硬又很小，只容得下自己。"海不择细流，故能成其大"，成为经理之后，你必须成为更大的容器，能包容所有的下属，否则你无法做到关注全局效率。
>
> 怎么提升自我？找两个榜样，父母和君王。经理要向他们学习，从追求"小我"的满足，变成追求"大我"——团队和企业的成就，这样才能拥有更广阔的一片天。

学员感悟与案例

　　郭琼　虽然我没有面临比我强的下属带来的直接压力，但是在给老板汇报工作时，我会提及自己的功劳；讨论到某个员工的成长时，我会向老板描述她原来如何，我教了她什么，然后她得到了提升；有时和下属沟通，我也不忘描述能证明自己厉害或成功的案例，并美其名曰"分享"；有时下属和老板直接沟通，我会感到非常气愤甚至恐慌。我之所以会拼命地向老板或其他人证明自己，还是源于"怕"，我所有的关注点其实还是这个"小我"。"小我"渴望安全感、成就感、归属感和自我实现。但只有突破"小我"的边界，成长为"大我"，才能打破这个怪圈，拥有更加广阔的天地。

习习 有些经理担心下属的能力超过自己，但我真心希望能有这样的员工，我想和厉害的人一起共事。我的团队中有一名年轻人资质甚好，她的执行力强，一点就通，所以我会经常和她一起讨论关于计划和策略的问题。在年度大会的时候，她的工作总结得到了大老板的高度认可。我在欣慰的同时得到的反馈是：曾老师带人有一套。其实这样的成就感更强。

陈长安 关于君王心态，君王一方面期待民富国强，另一方面很注意防范功高震主。我很担心下属的影响力超过我，主要体现在两个方面：一方面，担心上层领导认为我是容易被替代的；另一方面，担心出现拉帮结派集体造反的情况。我的解决措施是：①持续努力提高自己的专业性，以便更加服众；②注重信息通道的管理，严控越级汇报行为；③扶持其他成员，稀释个别人的影响力。

怀宽　之前我从来没有想过，经理要以父母的心态帮助下属成长。我手下有一个刚毕业的新人，还带着学生的稚嫩，很多小事经常出错。我一指出他的错误，他就紧张，还下意识地找借口，我的语气就越发强硬，这样他就更加紧张，以致一些做了很多次的事情还是会出错。工作半年了，我还是没看到他有明显的成长。今天回过头来反思，才意识到我没有把帮助他成长当成自己的责任。

第 2 章

动力

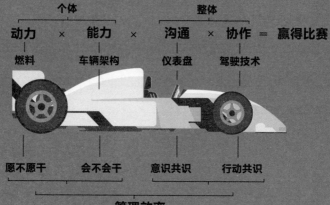

个体			整体			
动力	×	能力	×	沟通	× 协作	= 赢得比赛
燃料		车辆架构		仪表盘	驾驶技术	

愿不愿干　　会不会干　　意识共识　　行动共识

管理效率

突破自然效率

第 1 章，我们讲了带领团队突破自然效率的四个"心法"：责任跃升、沟通跃升、关系跃升和自我跃升。

从第 2 章开始，我们讲突破自然效率的四个"剑法"：动力、能力、沟通和协作。

动力和能力是提升团队个人效率的关键，沟通和协作是提高团队整体效率的关键。

心法，是要不断"修"的；剑法，是要不断"练"的。

那我们从哪里开始"练"呢？

就先从"动力"开始吧，因为动力是一切行动发生的前提。

如果你作为一个优秀员工，被提拔成了经理，那么祝贺你。作为优秀员工，很可能你是自带动力的，也就是所谓的"自我驱动"。但是，自我驱动的人可能反而从来没有审视过自己的"动力系统"。因为你会觉得，这不是应该的吗？这不是理所当然的吗？

不是每个人都是"自我驱动"的。很快，你可能就会发现，你的团队里有些员工总是用"这样已经很好了吧""我已经尽力了，你还要我怎么样""给我多少钱，我办多少事""我做不到，你们谁做得到谁做"的心态，来对待工作。

之所以会有这类心态，是因为他们做事缺乏"动力"。你严一点，他们就多做一点；你松一点，他们就少做一点。

可是，如果你的员工没有动力，只有你可以"自我驱动"，那就相当于一个车头要带动所有车厢。车厢数量越多，你就带得越吃力。

那怎么办？

身处"高铁"时代的你必须与时俱进，把整个列车变成动车组，也就是使每一个车厢都自带动力。这样，你的团队才有战斗力。

可是，如何做到呢？

员工不努力，是因为他的发动机没被点燃

2001 年，一个刚升职的年轻经理遇到了巨大的困扰：为什么我手下的员工和我不一样？

这个经理是个工作狂，"996"是家常便饭。他甚至曾经连续工作 55 小时没有合眼。那一次，他工作了一白天之后继续加班，因为有一个重大问题要连夜处理，但是到第二天早上还没有处理完，怎么办呢？交代给别人做也很麻烦，干

脆自己接着干，于是他又干了一个白天，还没干完，晚上又接着加班。到第三天，问题终于解决了，本来他想回去睡觉，结果发现睡不着，于是又干了一个白天。三个白天和两个黑夜，他就是这样拼命干活的。他觉得这是应该的：面对问题，我不站出来谁站出来？！

但他发现，他手下的员工和他不一样。

比如小丽，早上到公司后，她先去倒水，然后把花侍弄好，接下来看看明星八卦，总共花了半个多小时；中午，在优哉游哉地吃完饭之后，是散步环节，散步回来之后还要喝杯酸奶，午休时间长达两小时；下午，她约了同事到咖啡间倒杯水，倒水时叽叽喳喳聊天，又浪费将近半小时。

这个经理甚至神经质似的关注到，小王老往厕所跑，一天去了七八次。

经理内心很抓狂：这帮家伙怎么这么不努力工作啊！有事叫不动，成天磨洋工！怎么办？怎么办？怎么办？

我站在穿越的时空中，俯视这个困惑的年轻人——他就是二十多年前的刘润，二十多年前的我自己。

升职前，我只要自己努力就好了，才不会去管别人的事呢。可当"别人"变成了我手下的员工，我就突然发现，"别人"和我的努力程度并不相同。他们为什么不努力？难道不想人生有点意义吗？他们不想从工作中获得成就感吗？他们不想升职加薪吗？

怎样才能让他们努力工作呢？

涨工资吗？公司凭什么为你的管理无能买单，给员工无故涨工资呢？

找老板投诉？是怕老板还不够烦吗？这种事都找他，要你何用？

不论是唱红脸涨工资，还是唱白脸去告状，都是病急乱投医。

那怎么办？

现在让你给二十多年前的刘润出主意，你会给他提出什么建议呢？

员工往往不能自燃

当时的我，请教了一位高级管理者，他说："方法有很多，你可以从一件最简单的事情做起，连续三天，买冰激凌给大家吃。"

这有用吗？还真有用。

当时的我释放了善意，也获得了大家的善意。三天后，大家似乎像冰激凌一样慢慢融化了。

为什么？因为买冰激凌这个行为，就像是往大家内心的发动机里注入了"燃料"。

"龙生九子，各不相同"，每个人心中都有自己的发动机。有的是柴油发动机，有的是汽油发动机。但不管是什么发动机，都需要往里面注入充足的燃料，工作时才会有澎湃的动力。

有了动力，工作表现当然不一样。

美国心理学之父、哈佛大学教授威廉·詹姆斯研究发现，被激发了动力的人，可以发挥出他能力的80%～90%。

假设一个人的能力是90分，如果你不激励他，他没有动力，就只能发挥出20%的才能，只能贡献18分的力量（见图2-1）。

动力（20%）×能力（90分）＝贡献（18分）

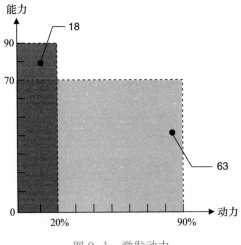

图2-1　激发动力

另一个人的能力差一些，只有70分，但如果你激励他发挥出90%的才能，那么他就能贡献63分的力量。

动力（90%）× 能力（70 分）= 贡献（63 分）

18 与 63，是天壤之别。

由此可见，激发员工动力这件事特别重要。"不会给员工画大饼的领导，不是好领导"，这句"歪理"其实有一定的道理。

那怎么激发员工的动力呢？涨工资吗？

很难。

"工资"所买到的，本质上是一个人的时间。在他的这些时间里，工资或许能够买到他过往工作经验里所体现的"能力"，却不一定能买到他的热情、他的投入、他的澎湃的"动力"。再高的工资，他也可以 8 小时在岗，却"出工不出活"。

那就不断换人，直到换到有动力的为止？

也很难。

因为"能坐着不站着，能躺着不坐着"是人的本性。你新招来的员工，可能还是没有动力的，甚至在原来的团队里有动力，到你这里后没有了。

人的动力值不是恒定不变的，而是会根据周围环境的变化而变化。

那怎么办？

彼得·德鲁克说，管理的本质是激发善意。你唯一的办法，就是去激发员工，赢得他的全身心投入。不管他原来能发挥出其能力的 20% 或 30%，还是多少，都尽量激发到

70%或80%，甚至90%。

学会激发员工的动力，是跃升为管理者的必修课。为此，你首先要沉下心来，深刻理解员工心中，也是每个人心中的那套"动力系统"的结构。

人心动力系统

人心动力系统的结构有点复杂，但是理解它很重要。为了把它讲清楚，我画了一张图（见图2-2）。

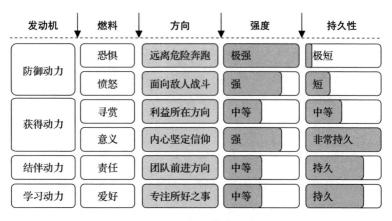

发动机	燃料	方向	强度	持久性
防御动力	恐惧	远离危险奔跑	极强	极短
	愤怒	面向敌人战斗	强	短
获得动力	寻赏	利益所在方向	中等	中等
	意义	内心坚定信仰	强	非常持久
结伴动力	责任	团队前进方向	中等	持久
学习动力	爱好	专注所好之事	中等	持久

图2-2 人心动力系统

我解释一下这张图。

人心动力系统，包括四台发动机，即防御动力、获得动力、结伴动力和学习动力。

这四台发动机都能独立运转，为人的行为提供澎湃的动力。但是各自运转时需要的燃料不同，所产生的动力的方向、强度和持久性也不相同。

什么是动力的方向、强度和持久性？

动力的方向，就是你用力的方向。比如说劈柴，这斧子是砍向了木头，还是下边的桩子，或是直接甩出去了。强度，就是你所花力气的大小，是轻轻地砍下去，还是拼尽全力地砍下去。持久性，就是砍一斧子就走，还是接着砍第二斧子、第三斧子、第四斧子……一直不停。

方向、强度和持久性，就是人心发动机的性能特征。

为了获得这些性能特征，发动机需要燃料。而"情绪张力"，就是这四台发动机最好的燃料。当理想与现实、目标与结果之间存在差距时，人类就会产生各种情绪，以弥补差距。想弥补差距的情绪会产生张力，让人由内而外地想去做一些事。这种由情绪引发的张力，就叫作"情绪张力"。情绪张力，是所有动力的最终来源。

是不是觉得有点复杂？没事。这一整章的目的，就是把这套动力系统讲清楚，并且带你把它启动起来。我们慢慢来。

我们先总体了解一下这四台发动机。

"防御动力"发动机

人作为一种动物，面对危险时有快速反应的本能。不能快速反应的物种，都已经被危险消灭了。作为幸存的物种，人有两种情绪张力来面对危险：恐惧和愤怒。

你在走路，有人从后面重重地推了你一下，你摔倒在地上，头磕破了。惊愕中你回头一看，是弱不禁风的刘润。这时，你会是什么情绪？

你的情绪会从惊愕迅速转为愤怒。你可能会骂道："你有病啊！开玩笑？这种玩笑也能开吗？"然后冲上前去战斗，把刘润也推倒在地。

这种情绪张力，就是"愤怒"。愤怒驱使你用战斗的方式防御。

但是，如果你一回头，看到推倒你的是一只老虎呢？你还会愤怒吗？恐怕你早已顾不上愤怒了，而是赶紧跑。为什么？因为恐惧。再不跑，就死在这里了。

这种情绪张力就是"恐惧"。恐惧驱使你用逃跑的方式防御。

这就是美国心理学家沃尔特·坎农提出的著名的心理学概念"战斗或逃跑反应"。恐惧驱动逃跑，愤怒驱动战斗。恐惧和愤怒，都能激发人类的"防御动力"。

防御动力特别强大，因为它和生死有关。

很多管理手段的本质，都是在借助恐惧和愤怒的情绪张力来激发员工的防御动力，从而使员工全身心投入到一件事中。

比如，恐惧。

转正考核、末位淘汰等，本质上都是在制造"危险"环境，从而激发员工全心投入。万一没转正，万一被淘汰，房贷怎么还，孩子怎么养？你想想都害怕：不行，我还是要努力啊。

　　恐惧带来的防御动力，强度极大（见图2-3）。恐惧之下，所有的潜力都能被发挥出来。面对死亡威胁，只有拼命奔跑。向哪里跑？向远离危险的方向奔跑。

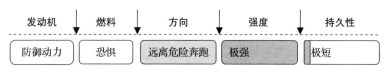

图 2-3　恐惧带来防御动力

　　但是，恐惧带来的防御动力要慎用。因为"拼命"的状态，消耗太大了，不持久。一旦远离危险，动力就会瞬间消失。

　　你会看到一个员工处在试用期时不要命地工作，可一旦签了转正合同，危险消失，就会立刻放松下来，甚至可能会变成一根"新油条"。

　　再说愤怒。

　　你看过古代的战争片吗？两军对垒，准备开战。危急时刻，将军会骑着马，在士兵面前发表一场演讲。

　　"同胞们，浴血奋战吧！如果不杀光对面的这些敌人，他们就会抢走我们的土地，杀光我们的妻儿。我们宁愿战死，也要保家卫国！"

　　都要打仗了，为什么还要演讲？

　　为了把对死亡的恐惧转化为对敌人的愤怒。

　　浴血奋战，需要动力。而恐惧带来的动力是奔跑，愤怒带来的动力才是战斗。所以，为了获得战斗的动力，必须激发"愤怒"的情绪张力。而激发愤怒的核心，就是树立一个必须要战胜也必然能战胜的敌人。

在管理中，设立各种排行榜（数量排行榜、质量排行榜、业绩排行榜，等等），本质上就是在制造这样的"假想敌"。什么？连他也排到我前面去了？这怎么行？我是老员工了，他才来多久。不行，必须超过他。

愤怒所带来的防御动力，从强度看，它是强大的，"匹夫一怒，血溅五步；帝王一怒，伏尸百万"；从方向看，它是面向敌人战斗的；从持久性来看，它的持久性比较短，战斗结束后就基本消退了（见图 2-4）。

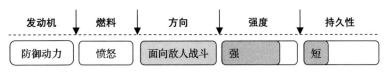

图 2-4　愤怒带来防御动力

"获得动力"发动机

获得动力，就是去获取，去控制，从而拥有更多的资源和尊重。获得动力也包括两种情绪张力：寻赏和意义。

先说寻赏。

"重赏之下，必有勇夫"。他本来不想干的，奈何你给得太多了，虽然难一点，但他还是干了。你要是给我我想要的东西，我就给你你想要的东西。

大家最想要的东西是什么？

对大多数人来说，尤其是对那些吃顿火锅都要等到过节的员工来说，激发寻赏动力的方法就两个字——"给钱"。

你和这个需求级别的员工谈梦想，很可能会遭到抵触。网上流传着一种说法，三四十岁的中年男人在职场上最容易被欺负，因为他们上有老下有小，一睁眼就是房贷和车贷，不敢轻易辞职。他们就是被"寻赏"这种情绪张力驱动的现实例子。

寻赏，是管理者最喜欢用的情绪张力。因为它简单好用。大部分员工看在升职、加薪或表彰等奖赏的份上，都会完成自己的工作。但是，寻赏能让人服从，却未必能让人心甘情愿。所以，寻赏带来的动力强度，属于中等水平（见图 2-5）。

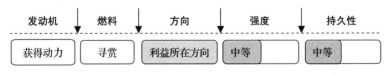

图 2-5 寻赏带来获得动力

另外，寻赏带来的获得动力，其持久性虽然比愤怒和恐惧要长一些，但依然不是很长。一旦获得了想获得的东西，满足了需求，这种动力就会消失，就会出现躺平甚至摆烂。比如华为就觉得，一些已经实现财富富足的老员工动力不足。

因为寻赏带来的获得动力，只会指向利益所在的方向。

再说意义。

意义就是从关注自我中跳出来，去做有利于更多人的事情。

药物研发很艰难，但我们研发的药能让那么多患者重获健康，再艰难也不能放弃。日更很辛苦，但我们的公众号能让那么多创业者用更低的门槛获取商业知识，再辛苦也是值得的。

这就是意义。意义感能激发员工的热忱，促使其超越自我。意义感这种情绪张力，能带来更强、更持久的获得动力（见图2-6）。

意义带来的获得动力，会指向内心坚定的信仰。

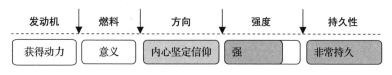

图2-6 意义带来获得动力

"结伴动力"发动机

它是指，员工基于对领导或团队的认同感、归属感，而产生的对团队的责任感。结伴动力能够激发员工做出衷心的承诺。

结伴动力的背后是责任。

有一次我们开私董会，有一位企业家比较忙，想请假。但私董会只有大家都共同参与才会有贡献和收获，因此我就打电话给那位企业家，请他过来。

　　如果我跟他说，你不来参加就要面临罚款，这就是用"恐惧"启动"防御动力"。这时，他可能会说自愿认罚，因为这点钱对他来说不重要，不会令他产生恐惧。如果我跟他说，你来的话有奖金，这就是用"寻赏"驱动"获得动力"。这时，他可能会说留给别人吧，因为他也不需要这个奖赏。

　　我跟他说的是，如果你不来，大家的收获就会减少，所以你的参与不仅仅关系到自己的获得，更是对别人的责任。他听后，立刻就从欧洲飞回来了，因为对大家的责任驱动了他：这么多人的收获有赖于我，按时参会这件事我要是做不到，他们怎么办呢？

　　这就是"责任"驱动的"结伴动力"。

　　对于有较强结伴动力的员工，更有效的激励手段不是简单的物质激励，如发旅行津贴、发儿童节礼券，而是用友情、归属感来激励。比如，组织大家一起去旅行、组织员工的亲子活动，等等。

　　责任带来的结伴动力（见图 2-7），指向团队共同前进的方向。

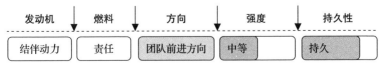

图 2-7　责任带来结伴动力

"学习动力"发动机

人天生是富有好奇心的。满足自我的好奇心，不断做新鲜的事、更有挑战的事的这个过程，就叫作学习。

有人说，学习是违背人性的。不，学习是人的天性。男同学学习如何打游戏的时候，反人性了吗？女同学学习如何变美的时候，反人性了吗？学习从来都不反人性。只有学习自己不感兴趣的东西，才反人性。

学习动力的背后是爱好（见图 2-8）。爱好一件事，就是因为做这件事有意思，能让你从中得到乐趣，所以你就特别愿意不断地去做。

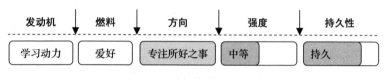

图 2-8　爱好带来学习动力

所以，激励员工的一个重要方法，就是让他做自己爱好的事。

因为没有热爱，很多人熬不过不赚钱的艰难时日：很多顶级程序员从小没日没夜地编程，为"爱"痴狂，长大后一举成名天下知，像谷歌、YouTube、脸书都出自这些技术牛人之手；很多顶级作家，年轻时没稿费要写，没人看也要写，"走火入魔"一辈子，很多优秀的作品都是这样写出来的。

热爱，能陪伴你熬过不赚钱的艰难岁月。

小
结

一个自燃型的优秀员工升职为经理后，会发现手下的很多员工可能不如自己努力。经理在负重前行，员工却云淡风轻。怎么办？

这时，经理首先要全面认识员工的（其实也是所有人的）动力系统：

▶ 四种"发动机"，即防御动力、获得动力、结伴动力和学习动力。

▶ 六种"燃料"，即恐惧、愤怒、寻赏、意义、责任和爱好。

▶ 每一种动力都有不同的方向、强度和持久性。你可以在合适的时候"换挡"。

从员工晋升到经理，是一次关键的跃升。因为未来你要通过别人，而不是通过自己完成工作了。以前，你可能不需要理解"人"是怎么回事，但现在你必须理解了。

理解"人"的第一步，就是把人的"动力系统"拆开，仔细看清楚里边的结构。然后针对不同的员工，用不同的方法去激发他们的动力，这样团队才能由一个火车头带动变成动车组联动。

学员感悟与案例

大树　与一个员工进行离职谈话时我才知道，这个员工完全没有经济压力，她的追求是活少、离家近、方便照顾家庭，之所以出来工作，主要是因为不想成为家庭主妇。离职后，她去了她家附近的一个社区医院工作，实现了自己的"梦想"。面试时我们只考虑了她的能力行不行，完全没关注她的追求、她工作的动力。"你的梦想是什么？"以前总觉得这是特别傻的一句话，现在面试的时候我也会"傻傻"地去问了。

薛晓刚　每当看到自己的下属苦苦纠结于一项办公技能而完不成任务时，我就会忍不住走到他的座位旁，很快替他解决。一两次之后，我突然意识到自己的行为可能不但没有帮到他，反而对他有坏处，使得他对别人的依赖更强。这时，最重要的是帮他找到学习的动力，通过学习让自己不断成长，学习到的技能能够长久使用，可以增强职场竞争力。这样调整之后，慢慢地我会发现情况起了变化，从下属对领导的依赖转变为领导对下属的依赖，这是一种良性的循环，团队的竞争力也因此越来越强。

陈长安　我现在每天早上6点起床，提前2个小时到达公司，是什么在激励我？

1. 恐惧：软件行业技术日新月异，我担心自己被淘汰。
2. 愤怒：竞争对手抢我的项目，挖我的人，我要更努力，让团队成员认可，让对手服气。

3.寻赏：作为经理，比团队中年龄相近的一般工程师每月多好几千元的薪水，我得对得起这份多出来的钱。

4.爱好：看着团队成员在我的有效管理下有章法、有节奏地工作，感觉非常快乐。

5.责任：我是团队负责人，"兵熊熊一个，将熊熊一窝"，我要做个称职的"将军"。

6.意义：我们团队做的项目动辄影响几千万人的日常生活，我深感如临深渊、如履薄冰。

愤怒与恐惧：不要死于听天由命和漫不经心

先从愤怒和恐惧开始。

"5分钟商学院"有位同学分享过一件事：

我团队中的一个小组，有段时间状态不对。和其他小组相比，这个小组的工作节奏显得很"佛系"。小组里很少看到大家进行头脑风暴，每次做项目，结果都是业绩平平。我和组长交流后发现，组里的同事觉得没必要针对每件事都说出自己的看法，作为员工，他们只希望组长安排好工作，他们在规定时间里完成就行了。

在准备给小组调换组长时，我意识到，与其调一名组长进去，不如把小组解散，将人员分配到其他小组里，以此瓦解"做一天和尚，撞一天钟"的心态。

我把决定告诉组长后，看得出来他有点失落。我说你和小组里所有人说一下，等到你们负责的项目结束后，小组就解散。

请问：这位团队负责人做得对不对？

有人可能会说：不对吧？这是吓唬，这是威胁，这是制造焦虑和恐惧啊！

在我看来，他这么做也许不是最好的方法，但是有道理的。

为什么？因为好的管理者不能不懂如何激发员工的"防御动力"：愤怒和恐惧（见图2-9）。只会使用激励而不会使用愤怒和恐惧进行管理的经理，是老好人。而老好人在孔子看来是"德之贼也"，即道德的败坏者。

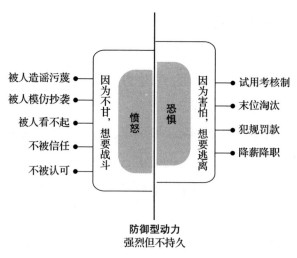

图2-9 愤怒和恐惧

制造危机感,利用愤怒感

伟大的领导者,都懂得制造危机感(恐惧),利用愤怒感。

比如,任正非经常说,下一个倒下的会不会是华为?这是在给全体员工制造恐惧,也就是危机感。在新冠疫情期间,任正非说,要把寒意传递给每一个人。这也是在制造危机感。

我以前的老板(的老板的老板的老板的老板)比尔·盖茨经常讲,微软离破产永远只有 18 个月。为什么这么说呢?行业在飞速发展,世界在快速变化,我们再强大也不能觉得自己了不起,微软也有可能像曾经的那些霸主一样迅速倒闭,因此比尔·盖茨要给整个公司制造危机感。

诺基亚的 CEO 是从微软过去的,上任之后就写了一篇文章《燃烧的平台》。他想告诉大家,我们现在坐的船马上就要沉了,必须马上跑,再不跑的话我们就会跟船一起下沉。他写这封信的目的,也是制造危机感。

很多管理者都曾无语问苍天:为什么别人的员工如狼似虎,而我们的员工在颐养天年?

你可以反思一下,你是否已经激发出员工的危机感?过去让员工恐惧的东西,如今是否不再令他们恐惧了?

"无敌国外患者,国恒亡""生于忧患而死于安乐"。可见,给团队制造危机感,是非常重要的方法论。

作为新任经理，我们要学会适度地给团队制造一种危机感，避免团队因为觉得自己处在极度安全的环境中，而忽视真实存在的问题，放弃应有的努力。

比如，让员工意识到，我们团队所在的部门并不是公司所有部门中最关键、最核心的部门，我们必须创造一种不可替代的价值，部门才不会被裁撤。如果部门被裁撤，我们所有人就会瞬间失业。

这就是给团队制造危机感。

危机感（恐惧）这种情绪张力，其实很多公司都在用，只不过大家不太愿意提罢了。大家更愿意提正向激励。多做正向激励，当然是对的。同时，你也必须了解恐惧带来的这种力量，并懂得如何运用这种力量。因为，很多重要的管理方法都基于这种力量，比如试用考核制、末位淘汰制，以及犯规罚款、降薪降职等惩罚机制。大家不愿意讲这些，总觉得会破坏自己在员工心中的良好形象；但如果不理解这些，你就会失去一把"不用拔出的利剑"。这些办法你可以不常用，但必须会用。

除了恐惧，另一种会产生防御动力的情绪张力，是愤怒。

在管理过程中，你可以给员工树立假想敌，激发其愤怒的情绪。定期公布绩效排行榜，是利用愤怒的典型方法，流动红旗也有类似的效果。它们都能激发人们去"战斗"。

这个假想敌，可以是别人，也可以是过去的自己。

比如，阿里的价值观"新六脉神剑"里有一句话：今天最好的表现是明天最低的要求。这句话就是要求你永远把过去"不够好的自己"当作假想敌。

比如，网上有个流行的"傻帽指数"。就是说，如果你觉得一年前的自己是傻帽，就说明你进步了。这也是把过去"不够好的自己"当作假想敌。

所以，在员工和自己的心里树立一个假想敌，非常重要。

"不够好的自己"是假想敌，最后期限（deadline）也是假想敌，员工可以与它作战。比如说离项目提交只剩 3 天，大家趁周末再拼一下，这事我们必须做到。这就像老师提醒大家离高考只剩 100 天，学生们都会努力做最后的冲刺。

前些年有一部很火的战争电视剧，里面有一句台词，大意是很多人死于听天由命和漫不经心。

漫不经心是不恐惧，听天由命是不愤怒。

团队想要生存，想要发展，就要激发出人们的恐惧和愤怒，那具体该怎么激发呢？

四种办法

激发员工的恐惧和愤怒，有四种比较形象的办法：一只鸡、一条鱼、一个炉子和一个假想敌（见图 2-10）。

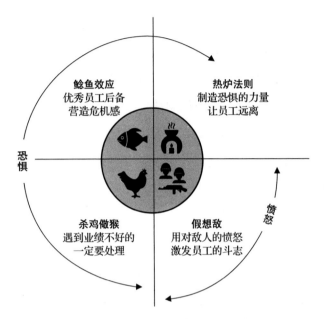

图 2-10　激发恐惧和愤怒的四种办法

一只鸡是指"杀鸡儆猴"。

遇到业绩不好的，一定要处理，要么进行降薪降职，要么调岗、淘汰。让"南郭先生"不能混日子，是对业绩好的人的尊重。对"南郭先生"的宽容，就是对努力干活者的残忍。

一条鱼是指"鲶鱼效应"。

就像 NBA 有板凳球员一样，团队里也要有优秀后备员工，这能给懈怠的老员工带来危机感。

有位创业者给我分享过这么一个案例。

他说："我们学校有一个老教师，以前对参加培训的态度很消极，教学考核经常不达标，还收到了很多学生家长的投诉。我告诉他，有一批年轻人要来我们学校试用，感觉好就留下。我故意把他们说得非常优秀，办公座位也安排在这个老教师的身边，其实这些年轻人就是刚毕业的实习生。我制造的危机感完全激发了这位老教师的潜能，他开始积极准备教案、参加培训。那些实习生走了之后，危机感带来的效果大幅度减弱，但是相较之前，他的表现还是好了很多。"

一个炉子是指"热炉法则"。

意思就是，要善用恐惧让员工远离不好的事情。如果员工违背企业文化，经理应该批评他；如果员工违反规章制度，经理必须惩罚他，这是用人的底线。

"热炉法则"由以下四个原则组成。

▶ 警告性原则：火红色让员工不用碰也知道炉子是热的。经理要经常对下属进行规章制度教育，提前警告。

▶ 一致性原则：每次碰到，都一定会被烫伤。经理说到做到，只要员工触犯规章制度，就一定会受到规定的惩处。

▶ 即时性原则：一旦碰到，立即会被烫伤。惩处必须在错误行为发生后立即进行，不拖泥带水，这样才能让员工及时改正错误行为，也可以避免同事有样学样。此外，在下属犯错之后，经理的训导越迅速，下属越容易将训导与自己的错误联系在一起，而不是将训导与实施者联系在一起，觉得经理针对自己。

▶ 公平性原则：不管是谁，碰到它都会被烫伤。执行制度要一视同仁，倘若有一个员工没有按照规定进行惩罚，以后经理在管理的时候就会留下话柄。

通过以上四个原则，强化制度的严肃性、权威性、强制性，坚持制度面前人人平等，是非常重要的管理方法。如果经理在执行制度的过程中留"暗门"、搞"例外"，再好的制度也会名存实亡，因为员工对制度丧失了敬畏之心。

如果说制造恐惧是使大家始终保持危机感，远离懈怠、懒惰，那么制造愤怒就是树立假想敌，用对"敌人"的愤怒来激发员工的斗志。

关于如何树立假想敌，除了前面已经说过的排行榜、流动红旗、不够好的自己和最后期限等方法，还可以向员工指明挑战：行业对手将要抢走我们的荣誉和尊严。我们的产品虽然在市场上相对领先，但又有一家创业公司发展起来了，又有一个新产品的势头起来了，这些对手对我们构成了巨大的威胁，我们必须打败他们。

回到本节最开始的案例，那个小组最后并没有被解散。

那位小组长在与领导谈话后，对小组成员说："公司想要解散我们组，将各位安排到其他组。大家想一下，你们被调入其他组后能够适应吗？你们有把握可以快速融入其他组吗？他们会欢迎你们吗？我可以毫不客气地说，一旦小组被解散，我们就进入了失业倒计时。我们组每个人都自认为没问题，但今天我们必须深刻反省，公司解散我们组的原因究竟是什么？"

失业这一可能的后果以及心中的不甘，使得该小组的表现发生了连领导都没想到的显著变化。

如今，这个小组的有些成员已经成为其他小组的负责人。

小结

愤怒和恐惧是人们面对危险时的两种情绪，它们属于防御型动力。对"危机"的恐惧和对"敌人"的愤怒，能够让团队凝聚起来做很多事情。

伟大的领导者，都懂得制造恐惧，利用愤怒。试用考核制、末位淘汰制，以及犯规罚款、降薪降职等惩罚机制，都能让员工心生恐惧，打起精神来工作。激发员工的恐惧和愤怒，有四个比较形象的办法：一只鸡、一条鱼、一个炉子和一个假想敌。

被人造谣污蔑、被人模仿抄袭、被人看不起、不被信任、不被认可等，都能促使员工"化悲愤为力量"。经理可以用排行榜、流动红旗、不够好的自己、最后期限、向员工指明挑战等方法树立假想敌，用对"敌人"的愤怒来激发员工的斗志。

愤怒和恐惧的动力强劲但不持久，经理可以不常用，但一定要会用。

学员感悟与案例

陈长安　我曾给同事们制造过危机感："咱们这个大项目一定要努力做好。做好了，大家未来几年都吃穿不愁；要是做不成，一方面肯定要裁员，另一方面留下的人也要给其他部门的项目打杂。做自己的买卖和帮别人做买卖，心情肯定不一样，大家要努力啊！"经过多方面的努力，我们部门的项目业绩十分出色，甚至赢得了其他部门同事的羡慕。

小光　今年我们和波士顿咨询公司同时为一家公司提供服务，因此我有机会看到了波士顿咨询公司的报告。一点也不夸张，我晚上在家一边读他们的报告，一边哭。我哭是因为差距的确太大了，这种情绪很复杂，是一种恐惧、不甘、愤怒的混合体。我决定组织项目组的顾问们，强力拆解波士顿咨询公司的报告。我向顾问们贩卖焦虑：咱们现在原创不出来也就算了，连看都看不懂，是不是就太水了？我通过让他们清楚地看到自己与别人的差距，激发出了他们拼搏的动力。一个追求卓越的人，看到自己的平庸、懒散，是必定会愤怒的。

周泽　公司的制造部门将原计划一个月完成的样机制造拖到了两个半月。对此，我刻意制造了一种危机感，提前邀请了国外专家、外部科研机构人员以及内部高管来参与样机评审。我把这个消息郑重地提供给制造部门，说国外专家、外部科研机构人员的机票已经订好，如果再不努力尽快完成样机制造，那么本次评审将会令公司以及整个项目组陷入一种非常尴尬窘迫的境地。结果是所有相关部门的危机感被激发出来，大家打起了 **120%** 的精神去完成评审准备工作，最后评审的结果超出了我的预期。

寻赏：把胡萝卜挂在结果上，而不是你手上

你的部门成功地完成了某个项目，然后老板给了 5000 元奖金。如果你的部门总共 5 人，那么你想怎么分这 5000 元？

第一种分法是，这 5000 元全部用于集体旅行搞团建，大家一起大碗喝酒，大口吃肉，世界那么大，一起去看看。但是，毕竟不是每个人都想出去玩，有的人还有别的打算呢！

第二种分法是，5 人平分，每人 1000 元，这样也挺好的，有活一起干，有钱大家分。

第三种分法是论功行赏，根据员工的功劳大小进行分配，比如你觉得其中 1 人的功劳比较大，发 2000 元，另外 4 人平分 3000 元。

第四种办法是把这 5000 元先留着，等到年底的时候根

据绩效考核情况，统一发放。

你觉得该选哪种？

不论是第一种、第二种，还是第三种、第四种，其实都不完全对。

成为"明君"是妄想

关于奖赏，经理最容易犯的错误是：试图成为"明君"。你根据自己的价值观，临时即兴地为总体的业绩进行奖赏，以为每个人都会感谢你，殊不知，这会导致部门处于赏罚不明的混乱状态。

正确的做法，是在一开始大家就约定好分钱机制。不要把这个权力掌握在自己手里，否则你怎么分都是有问题的。

下面，我们来梳理一下背后的逻辑和方法。

"奖赏"权力的源头，正是员工心中"寻赏"的情绪张力。

寻赏就好比你告诉部下，谁能取下敌军将领的首级，赏黄金千两，而"重赏之下，必有勇夫"。寻赏这种情绪张力在企业里是最常见的，你做到多少，就可以得到多少，从而去实现自己的梦想，比如买房子、办婚礼、去旅行等。

华为喜欢招那些胸怀大志、身无分文的人，用阿里的话说，是喜欢招苦大仇深的人，为什么？因为这些人心中的寻赏张力是最强的，他们特别需要钱。寻赏张力的缺点是持久性不够，当这些人真的有钱了，往往就会丧失斗志。如果他们真的丧失了斗志，机构可能就会换掉他们，让寻赏动力更强的年轻一代走上各级岗位。"长江后浪推前浪，一代新人换旧人"，这是企业保持"狼性"的通常做法。

当你成为经理时，就掌握了一点奖赏的权力，这时一定要用好这份小小的权力，这是很重要的管理工具。等你成为一个企业家或总经理后，掌握的奖赏权力就大得多了，更要用好这一权力。所以，要从小事开始练起，比如前面提到的分好 5000 元奖金。

员工晋升为经理后，要学的第一件事，就是打消自己能做"明君"，足以圣心独断的想法，请务必"把权力关在笼子里"。

首先，这是因为人们的决策能力是有限的。其次，我们掌握的信息也不全。

你知道这个人很努力，你怎么知道那个人就不努力呢？你收到了这个员工的客户表扬信，你怎么知道那个员工的客户就不是非常满意呢？这个员工和你说了对未来的规划，很有见地，你怎么知道那个没和你说的员工就没有见地呢？

赏罚的关键，是分明。如果把奖赏的权力，集中到一个决策能力有限、信息掌握得不全的经理身上，就很容易出现不分明不公平的现象。这反而会带来"不患寡而患不均"的更多的管理问题。

所以，经理有了奖赏权力后，要遵循三个奖赏原则。

干活之前共同定规则

经理运用奖赏权力，要遵循三个原则（见图 2-11）。

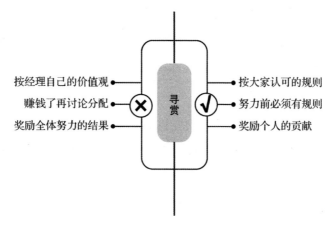

图 2-11 三个奖赏原则

第一个原则是，奖赏这件事一定要根据大家认可的规则来，不能根据经理自己的价值观来。

比如你拿到 5000 元奖金之后，突然发现有个员工的家人生了一场重病，你知道他要花很多钱给家人治病，经常为医药费和陪护发愁，但他仍坚持上班，工作一点都没落下。你对他又钦佩又同情，就跟大家商量说，我们把这 5000 元都给他吧，因为他家挺不容易的。

　　这个决定是有很大问题的。因为你在试着根据自己的价值观来分钱。听上去合情合理，实际并不是所有人都会认同。

　　你是经理，一个月挣一两万元，可以不在意这点奖金，但员工不一样，大家都要养孩子还房贷，日子过得紧巴巴的。大家都很同情他，但是你不能拿着属于大家的钱去展现你一个人的慷慨。

　　鲁迅先生曾经感慨："人类的悲欢并不相通。"这时大家就产生了价值观的冲突。

　　很多新上任的经理喜欢把自己当成一个"明君"，根据自己的道德观和价值观来决定钱怎么分。这是不对的。在你这个"大聪明"的操作下，员工很可能觉得自己成了"大冤种"。

　　另外，经理依据自身价值观做出的判断是不稳定的：有时你觉得这个员工的家人生病，应该多拿一点；过段时间那个员工说，我家小孩上私立学校，一年学费就要好几万元，你觉得他也不容易，应该多拿一点。到底是家人治病更重要，还是小孩上学更重要？你很难有一个刚性的、一以贯之的判断标准。

　　所以，正确的办法是，把自己当"明君"的愿望，或者把判断的权力关在笼子里，根据大家认可的规则来奖赏。

　　那么，大家会认可什么规则呢？

大家都认可的规则，一定是事前就设定好的规则。

所以，第二个原则是，奖赏规则一定要在大家开始努力之前就必须建立。要先有规则再有钱，而不是先有钱再有规则。

举个例子，公司在年初就说好，到年底如果赚了钱，就拿出 10% 来分。具体怎么分呢？

销售部门拿其中的 40%、技术部门拿 60%。然后，销售员按照业绩比例来分部门奖金；技术员按照代码质量来分部门奖金。

大家对此可能会有争执。但是，因为工作刚开始，大家离拿到奖赏还比较远，所以讨论会更理性。另外，大家可能会普遍认为年底有钱拿就不错了，只要规则听上去还算合理，就会表示认可。

这样，每个人都会知道奖赏的规则，并会用这个规则指导自己一年的工作。你发奖金的目的也就达到了。

如果是年底赚钱了之后再讨论分配奖金的规则呢？那就麻烦了。

销售部门和技术部门都会觉得自己的贡献最大。部门内部也会出现争论，某个技术员觉得这个新产品的开发，他是第一功臣，其他人都是给他打下手的，至少一半的部门奖金应该归他。

另外，因为没有提前设定规则，这一年大家的努力方向并没有真正受到奖金的指引。奖赏的目的，是引导正确的行为，带来想要的结果。如果没有达到这个目的，那么最后发的奖金本质上已经不是奖金了，而只是福利。

第三条原则是，我们要奖励的一定不是大家共同努力得到的结果，而是要奖励个人的努力所做出的贡献。

就像改革开放前，农村人人吃"大锅饭"，最后大家都吃不饱饭；实行家庭联产承包责任制之后，多劳多得，少劳少得，不劳不得，结果是极大地调动了人们的生产积极性，如今大家都过上了小康生活。

所以奖赏的规则应该是论功行赏，但不能人人有份，更不能人人均等，如 5000 元奖金每人发 1000 元。要做到大功大奖，小功小奖，无功不奖。

奖赏一定要跟每个员工的努力直接相关，比如说电商公司，哪怕年度总业绩很好，但总是因为发快递很慢而被客户投诉的物流人员就不该拿奖金，甚至要扣钱。

反过来，若整个部门全年是亏损的，没有达到公司的预期，因而没有部门奖金，或者只有很少部门奖金，怎么办？如果经分析发现，主要是销售人员导致的亏损，客服也有一定的责任，但是发货发得特别好，既精准又快速，那么就算公司亏钱、部门亏钱，也要给负责物流的人发奖金，因为他的努力使得他负责的业务结果是比较好的。

实施第三个奖赏原则，还涉及考核指标的精准制定。我们来深入分析一下背后的逻辑。

公司里每个人都在为整体的贡献做努力，不管所从事的是行政、销售、财务、法务工作，还是技术、人事工作。所有人的努力加在一起，才能带来公司整体的成功。但是，有些人的努力是直接影响结果的，而有些人的努力是间接影响结果的。千万不要让间接影响结果的人，去承担直接的目标。

比如，不能让技术人员去扛销售目标。为什么？因为技术人员的努力不能直接改变销售的结果。虽然技术人员的努力可以提高产品质量，并且产品质量提高了，肯定会影响销售结果，但是，这种影响是间接的。你可以为技术人员设定与产品质量相关的考核指标，让他直接对产品质量负责。但千万不要绕弯子，让他对销售结果负责。

每个人都只能对自己直接能改变的结果负全责。所以，钱只能分给那些通过自己努力能够改变结果的人。

这也叫"责任承包制"，管理者根据每个人的努力结果来赏和罚，要做到发货人只对发货的结果有责任，客服只对客服的结果有责任，技术只对产品的质量而不是销量有责任。

只有当员工发现自己的努力能够改善结果，并且只要有好的结果就能带来奖赏的时候，每个人心中的寻赏张力才会被激活，人们才会为自己的职责而努力。

小结　我们探讨了经理如何用奖赏的权力，来激励员工寻赏的张力。

经理获得权力后的第一件事，就是学会"把权力关在笼子里"，不能妄想自己成为"明君"。

任正非说："钱分好了，管理的一大半问题就解决了。"经理要记住三个奖赏原则：

第一，要按照大家认可的规则，而不是按照自己的价值观来行使奖赏权力。

第二，奖赏规则一定要在大家努力之前就制定好。

第三，奖赏一定要跟每个个体的努力所做出的贡献相关，而不是跟群体的结果相关。

掌握了这三个原则，你就摸到了奖赏的门道。

寻赏这个情绪张力，努力程度中等，方向指向利益，持久度中等，因为奖励带给人的边际效用是递减的。

学员感悟与案例

杨正　入职第一年的年底，大明问我有没有拿到年终奖，他说他们都有，至少是一个月的工资。然而，事实上我并没有拿到年终奖。直到第二年，老板才给我发了年终奖。但令我失望的是，我和大明的年终奖居然一样多。我是店长，付出那么多努力，让店铺业绩翻了几倍；而大明则只负责他个人的任务，而且一大半的时间并没有用在店铺上。当时，我觉得好伤心！

大树　我是典型的豪放派，做事更偏感性，自认为我一心为大家好就是真的好。我想把团队氛围打造得轻松欢乐，每个月都组织大家搞团建。靠公司的团建经费和我自掏腰包还不够，我想的办法就是把部门的一些创新奖励和项目奖励截留一部分，用于部门活动经费。我美滋滋地以为大家应该都很满意，我并没有意识到这只是我自己的一厢情愿，这样做已经侵占了应该独享奖励的那部分人的利益。

爱好：合格的经理可以管"80后"，优秀的经理可以管"90后"

你有没有发现，到目前为止我们谈的都是人性？因为人的动力只有内心才可以生发出来。

学管理第一件要做的事情就是趴在地上学人性，而不是浮到空中指挥交通。学人性是学管理的基础。人心动力系统的四台发动机分别是防御动力、获得动力、结伴动力、学习动力，背后又有六种情绪张力。前面三节我们分析了愤怒、恐惧和寻赏这三种情绪张力。恐惧让人逃跑，愤怒让人战斗，它们都属于防御动力，强大但短暂；寻赏则是奖赏越多，动力就越大，但奖赏带来的边际效用会递减，动力也会随之不断衰减。这一节我们来了解"爱好"这种强大而持久的情绪张力。

你有没有一种感觉，今天的"90 后"非常难管？

举个例子，你面试一个"90 后"，问他喜欢这家公司吗？他说很喜欢。再问他爱好这个工作吗？他说非常爱。那太棒了，于是你就把他招进公司了。但当他工作做得不好，你说了他几句，他就很沮丧。你觉得应该激励一下他，说这件事做好了，就给他发奖金，结果你发现他面无表情，没多少动力。最后，这件事他没有做完，你就质问他为什么没做完。仅仅因为你脸色不好看，他就觉得你太"残暴"了，立马离职走人。

你觉得很苦恼，现在的"90 后"怎么这么玻璃心，一说就辞职，惩罚不行，给奖励也没用。软硬都不吃，常规的管理手段失效了。你是不是觉得很困惑："90 后"这代人怎么了，这么不好管？

爱好是自己给的精神奖励

"重赏之下，必有勇夫"，不好管是因为钱给得还不够多吗？不是。有相当多的"90后"也在乎钱，但是没有"70后""80后"那么在乎。内卷，似乎很难成为他们的人生选项。因为他们父母那一代是"60后"，"60后"很多人已经完成了财富积累，希望孩子"把生命'浪费'在美好的事物上"，所以，有不少"90后"开始为梦想而工作。

"90后"难管在哪里？对很多"90后"来说，寻赏这种情绪张力不如"70后""80后"那么大，但很多管理者却在拼命地做奖赏激励，最终无法激发出这批"90后"员工的澎湃动力。

那怎么办呢？必须切换动力源，给"90后"员工这个职场"新物种"换一台新发动机——学习动力。这台发动机的核心燃料是"爱好"这种情绪张力。

在希腊神话中，热爱和恐惧是两种关键力量。我很喜欢一部电影，叫《诸神之战》。因为这部电影合理化了"神"存在的能量来源——人类的热爱。人们热爱神、信仰神、崇敬神，不断地向神祈祷、祭拜，神从中获得了巨大能量。相比于靠人们的恐惧活着的妖魔，靠人们的热爱活着的神要强大得多。

我在埃及带队游学时，有位组员是摄影发烧友，她一个女孩子扛着两个很大的专业单反相机。我问她累不累，她说一点都不觉得累，因为这是她的乐趣。她接着说起我的《5分钟商学院》线下大课，我一讲就是6个小时，她看着都觉得累，要是她的话根本都不想上台。她问我每年有近 200 天飞来飞去讲课累不累，我说不觉得累，讲课是我的爱好，讲完课我还会跟大家合影，和 10 位学员一起吃晚餐，一直聊到晚上 10 点多，传递思想是我的乐趣所在。

爱好是一种强大的张力，别人不感兴趣的事，你给钱他也未必想干。寻赏和爱好的差别是：寻赏是别人给的物质奖励；爱好是自己给的精神奖励，这种奖励对冲了遇到的种种困难。爱好本身不产生动力，做爱好的事情，由此产生乐趣，进而分泌多巴胺、内啡肽，产生愉悦感，这才有了源源不断的动力。

这里重点介绍一下多巴胺的原理。中科院神经科学研究所高级研究员、博士生导师仇子龙告诉我，多巴胺是在一个人确定动机后，支持着他不断攀登，享受过程，完成目标的化学物质。

举个例子，一个创业者非常热爱他的事业，想把公司做上市。这是他的明确动机，也是他的渴望，因此当他在追寻这个目标时，脑中分泌的多巴胺是最多的。

创业的过程中会遇到很多困难，如没有时间陪家人，为公司的各种事发愁，所以他在创业时是不开心的。但因为有分泌的多巴胺，会产生一种特殊的满足感，他也会觉得创业的过程是享受的。一旦把公司做上市了，脑子里的多巴胺也就没了，目标达成后就需要重新找更高的目标。

多巴胺对我们很重要。因为它在我们有动机去做一些事情时，可以使我们享受这个过程。我们的人生需要不停地攀登，而多巴胺是支撑我们攀登的重要物质。

寻赏，是每个经理都要掌握的基本功。但是仅仅会利用寻赏张力的经理，只能算是合格的经理，算不上优秀的经理。懂得使用除金钱之外的激励手段，能够激发"90后"的热情的经理，才是优秀的经理。"90后"已经成为职场生力军，因此经理更要学会利用爱好张力。

爱好的三个源头活水

寻赏是群体的基本诉求，但爱好是个性化的诉求，经理要明白每个员工爱好的是什么。那么，怎样才能看明白每个员工内心的爱好，从而激发出他们的工作热情呢？

爱好有三个源头活水（见图2-12）。

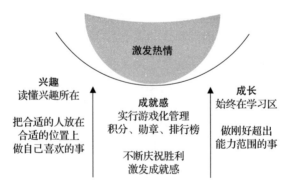

图2-12 爱好有三个源头活水

兴趣

我在领教工坊有个私董会小组，2016 年就成立了。小组设了董秘岗位，负责后勤，做酒店、用车、会议室等方面的协调工作。有一位董秘 X，工作细致，大家感觉挺好的，但也没到让人非常惊艳的程度。过了一段时间，她辞职了，我可以理解，董秘工作她做得不错，但我也能感觉到她对此没有很大的热情。

2019 年我做润米优选的时候，她和原来的同事一起来帮我。她负责的是设计，我当时大吃一惊，心想她不是做董秘工作的吗，怎么成设计师了？我将信将疑地看她做得怎么样。润米优选第一次卖的是旅行箱，她的设计稿让我觉得很惊艳，她对色彩、对排版、对文字的把握都非常到位，比我们公众号的设计优秀太多了。负责润米优选的同事跟我说，这个 X 同学最不喜欢的事就是跟人打交道，所以让她做行政后勤工作她其实挺痛苦的。设计是她一直以来的爱好，她就喜欢宅在家里做设计，所以这次充分地展现了她多年积累的设计能力。

当时我非常感慨。当一个人做自己感兴趣的事情时，他那种废寝忘食地把事情做到极致的热爱，真的会让你感叹，每个人都应该待在自己该待的地方。

那怎么才能做到呢？

一种思路是经理多观察员工，多和员工沟通。经理平时应该多观察员工的兴趣点在什么地方，并经常跟员工聊一聊他喜欢做的事。如果员工喜欢开发，那就试着让他写代码；如果他喜欢找问题，那就让他负责找产品的 Bug（问题或缺陷）。

另一种思路是赋予员工根据自身兴趣选择工作的权利。如果你启动了一个新项目，需要在公司内部调配人手，你可以宣布，新项目欢迎大家报名。自主报名进来的人，他的兴趣和主动性会体现出来。因此，要招募，而不是摊派或命令。

"千金难买我乐意"，经理对员工要有真正发自内心的关怀和了解，读懂每个员工的爱好，把合适的人放在合适的位置上，让他们去干自己喜欢的事。

成就感

有人说，工作发展到最后是分工，分工，再分工，很难让每个人都正好做自己最感兴趣的事情，"你有多大脚，我就有多大鞋"，这往往很难实现。如果真的要做到，成本实在是太高了。所以很多人正在做的工作，其实并不是自己的兴趣所在，那怎么办呢？

当工作和兴趣不匹配时，人们还可以爱好成就感。不管一个人喜不喜欢正在做的事，如果这件事做成了，他也会充满乐趣。这是人类进化出来的一种底层心理机制。

一个人的成就感来自对自己的赞许和认可。经理怎样借助成就感来激励大家呢？

首先，实行游戏化管理。有三个具体方法：积分、勋章和排行榜。积分会激励大家做出点滴的成就；勋章是表彰员工在某一方面的成绩，让他产生荣誉感；排行榜是激发大家的竞争心理——我凭什么做得不如他好，我要做得更好一点。

其次，要不断地庆祝胜利。庆祝胜利本质上是激发大家的成就感，成就感会带来乐趣，而为了获得更多的成就感，我们还要做得更好。所以，经理要不断地庆祝各种各样的胜利。

任何小事一旦做到之后，就要庆祝小胜利。比如说今天新签了一个客户，经理在微信群里发红包就是一种小小的庆祝，大家抢红包的过程就是庆祝胜利的过程，虽然红包不大，但大家都高兴。

如果是大胜利，比如一个大项目结案了，该怎么庆祝呢？虽然公司发了奖金，但经理也要带大家去聚餐、唱歌或旅行，共同庆祝。只有不断这么做，才能够强化员工对成就感的爱好。

成长

有的人会说，成就是集体的，我在其中贡献不大怎么办？我对集体的成功没那么感兴趣，怎么办？经理可以让这个人始终处于学习区，帮助他获得个人的成长。

什么是处于学习区？当一个人做的是自己非常擅长的事

情时，他处于"舒适区"，这时他是没有成就感的。当他做的是自己完全不擅长的事情时，他处于"恐惧区"，心理上的严重不适可能会让他崩溃。当他做的事在他擅长和不擅长之间时，他处在舒适区和恐惧区之间，也就是处在学习区，他会有一种攻克难关之后的成长的快乐（见图 2-13）。

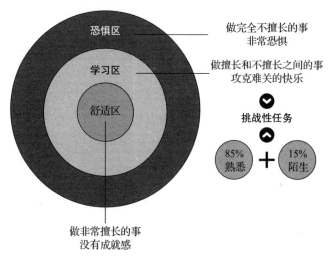

图 2-13 学习区原理

一个优秀的经理，不仅要懂得让员工做自己爱好的事，更要懂得安排刚好超出他能力的事。这件事有点挑战性，他会觉得有压力，但努力一下，也能做得到。

始终处于学习区，会给员工持续带来成长的快乐。万维钢老师介绍了来自学术界的研究成果，做超出能力范围15.87%的事，能够产生最高的效率。也就是说，挑战性任

务最好要有 85% 的熟悉度，15% 的陌生度，这样才能够达
到最佳的成长效果。这个尺度的把握，需要经理不断地摸索
和总结。

小结　本节介绍了"学习动力"发动机，里边的燃料是"爱好"。因为"爱好"产生乐趣，乐趣分泌多巴胺，多巴胺让人产生前进的动力。

有三种途径可激发员工的"爱好"：兴趣、成就感和成长。经理要学会读懂员工的兴趣所在；可以对"90 后"实行游戏化管理，并不断地庆祝胜利；还要让员工始终处于学习区。

学员感悟与案例

陈小旭　我们学校的教学部主管是位资深老师，有很强的教研能力，我们就安排她专职做教研，但发现她的工作热情下降得很快。她提出一定要去一线和孩子待在一起，她说工作忙一些没有关系，和孩子待在一起就是她想做老师的初衷，如果违背了这个初衷，无论赚多少钱，工作多么清闲，也是不会开心的。

小光　我发现负责做研究的 B 过于处在舒适区。对一

名咨询师而言，要想在职业生涯中取得突破，起码的沟通、汇报、演讲能力是必须具备的。我就安排了 B 与客户进行一次小型汇报，刚开始她是非常抵触和拒绝的，但汇报前我用了很多精力跟她一起打磨汇报内容，并不断地鼓励她。汇报当天，她发挥得不错，客户反馈也挺好。通过这次汇报，她体验到了一定的成就感，找到了汇报的乐趣。就这样，我逐渐把她培养成了全能型的咨询师。

习习　有一次，我让一个平时工作不认真的员工把培训资料做成视频，她居然在一天之内就把文字、配音、剪辑都做完了，并完成了交付。原来她是某明星的"铁粉"，之前花过一个月的时间，把这位明星出道多年的各种视频资料做汇总，然后按照时间线重新编辑成为一个新短片。大部分 95 后年轻人因为热爱都有自己的某种小手艺，关键是怎么找到并加以利用，这需要经理发自真心地去了解他们。

责任：这是我自己的事，不是别人的事

一个下属把方案做砸了，你非常恼火。这时候你该怎么办？

是对他说"这次做得不够好，说明你还有很大的提升空间"，还是说"你这个猪脑子，这种错你也能犯"？

建议都不要说。前者是压抑着怒火的鼓励，后者是情绪

失控的批评，二者都不能解决问题，都不太好。

也许你可以对他说：最近你遇到什么事了吗？你一直是一个特别积极、特别为集体着想的人，但是在这件事上没有表现出来，到底是哪里出了问题呢？

这两句话是很有魔力的。

为什么？因为人有一种心理机制，叫作"认知协调"。

把任务当成自己的事

什么叫认知协调？

它是人的一种心理机制，让你的行为和你的认知始终保持一致。如果二者不一致，你就会难受。这种难受会促使你调整行为或者调整认知，最终实现协调。

比如，一个认为自己是好人的人，杀人了。好人，是他对自己的认知。杀人，是他的实际行为。好人怎么会杀人呢？这就不协调了。所以，他的心理就会难受。一个人必须认知协调，不然会痛苦，甚至会崩溃。

怎么协调？

他会找很多理由，来证明为什么被害者该死。终于找到一点——他偷过东西，所以，杀他是为民除害。这下子，认知就协调了，浑身舒坦了。所以，你以为杀人犯会有罪恶感，每天晚上都自责得睡不好觉。其实未必，他可能早就已经认知协调了。

理解了认知协调这个心理机制之后，你就会明白，为什么说前面那两句话有魔力。

"你一直是一个特别积极、特别为集体着想的人"，这是认知。"但是在这件事上没有表现出来"，这是行为。认知和行为不协调。

为什么？你为他找到了原因："最近你遇到了什么事？"

千万不要撼动"我是一个负责任的人"这个认知。因为这是指导一切行为的前提。你要改变的，是他的行为。

怎么改变？我们要共同找到那个第三方的、外在的敌人（遇到了什么事？），然后解决它。这样，行为就能纠正回来了。

有的经理会非常生气地说：你怎么做事这么不负责任呢？

这句话说出去的时候，是非常爽的。但是，员工听到后会非常丧气，甚至会真的接受这个认知：我不负责任。那么，做成那样，当然就是正常的。以后，他做事可能就是这样了，因为这样才是认知协调的。

所以，经理的工作是把"我是一个负责的人"这个认知，牢牢地刻在员工的脑海中。这样，员工才会用这个认知来指导行为。

然后，"责任"这种澎湃的燃料，就会启动员工的第三台发动机——结伴动力，使员工为了和同伴一起做成事，而共同努力。

那怎么建立"责任感"呢?

责任感建立在员工真心把任务视为自己的事的基础上,它是无法强加的。经理对员工说,这是你的事,如果员工不接受,就没法产生责任感。

那怎么激发员工的责任感,把任务变成员工自己的事呢?

自我责任感、团队责任感和客户责任感

在职场中,员工要处理好与自我的关系、与团队的关系、与客户的关系,相应地,就会产生三种责任感(见图 2-14)。而经理要做的,就是帮助员工建立这三种责任感。

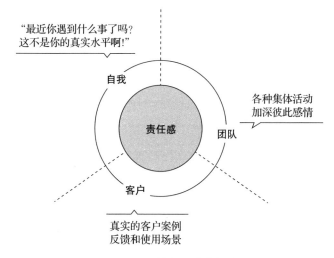

图 2-14 激发三种责任感

帮助员工建立自我责任感

自尊自爱是人类的基本情感需求之一，人们对捍卫自己的尊严、荣誉和声望是有责任心的。所以，经理的一个基本原则是，永远不要去破坏员工的自尊。

一个人的自尊越强，自我责任感就越强，因为高自尊的人都很爱惜自己的羽毛。因此，经理千万不要把员工的自尊踩到脚下，说你这个人怎么一点本事都没有，笨得跟猪一样。

网上有一个流行词，叫"PUA"（Pick-Up Artist，搭讪艺术家），本来是讲，在恋爱场景里，男生是如何"控制"女生的，后来被用于职场。它的核心意思是，先要摧毁对方的自尊，把对方贬得一无是处。自尊被摧毁了，人的信念就失去了"锚"，四处飘荡。这时，再表现出"只有我能救你"的姿态，对方就会依附过来，对你唯命是从。

所以，职场中你也会经常听说"PUA"这个词，其本质就是通过侮辱的方式，获得控制权。

但是，你真的需要对员工的控制权吗？

假如一个人一天要做 100 件事。你真的打算这 100 件事，都由你来控制员工去执行吗？真这样的话，如果你有10 名员工，你一天就要处理 1000 件事情了，能处理得过来吗？

所以，千万不要"PUA"，不要摧毁员工的自尊。相反，你要帮助他们树立自尊，这样，他才能真正承担起他应该"负责"的工作。你才会轻松。

就算员工做错了一件事，经理也应该说：这事不像是你做的啊，这不像是对自己要求这么高的人做的事啊？

尊重对方的高自尊，是批评的基础。你首先肯定他是对自己有高要求的人，这样他也会告诉自己：对啊，这不是我这样的人该做的事啊，到底出了什么问题？这样你们就可以平心静气地讨论问题，他才会改进，因为你很好地激发了他对自己名声的责任感。

除了自尊自爱的心理，经理捍卫员工自尊的背后，还有另一个原理：人，或多或少都活在权威的期待里。这就是所谓的皮格马利翁效应。所以，交代完任务之后，经理可以表达自己对员工的期待："我认为你完全具备这个能力，好好做，别让我失望。"

帮助员工建立团队责任感

捍卫集体荣誉，是很典型的具有团队责任感的表现。我经常跟员工说的一句话是，你的一言一行都代表着整个团队，而不仅仅是你自己。

经理要帮助员工建立团队感情。团队感情越深，团队责任感就越强。你看军队里，战友们情如手足，把彼此当成自己。

怎么才能让员工把彼此当成自己呢？

举个例子。2009 年我第一次参加戈壁挑战赛，深有感触。戈壁挑战赛为团队赛，每个参赛团体都分成 A、B、C 三队。其中 A 队是竞赛队，参赛人数是 6～10 人，这些人都很厉害。但是，比赛比的不是这些人中的最好成绩，而是以第六名的成绩为全队成绩。所以，第一名、第二名跑得再快也没用，最后一名跑得慢也没关系。既然如此，那大家就得帮助第六名尽快到达终点。但大家事先并不知道谁会第六个到达终点，即使大家有比较确定的人选，他也可能突然受伤，所以最佳策略就是大家互相搀扶着前进，获得团队荣誉。当然 B、C 两队也需要按照要求完成比赛，参赛团体才能获得最终的胜利。

用第六名的成绩决出胜负，是非常好的加深团队感情、训练团队责任感的办法。

我们公司（润米咨询）有一个"月度感谢卡"活动。每个月，每位正式员工都能领到一张感谢卡，用来送给在这个月里自己最想感谢的人。被感谢的人，可以得到一张 200 元的润米优选购物卡。

"月度感谢卡"活动有几个规则。

一是事件具体。你需要写出你感谢这位同事的具体原因。这样，才能让被感谢的人知道，原来自己随手做的这件事，对别人这么有帮助，从而产生荣誉感和自豪感，并持续做这些事情。

二是职责之外。你感谢的内容，不能是对方的本职工作。比如销售人员完成了销售业绩，工程师写好了代码，财务人员准时做完了报销。你感谢的内容，必须是对方在本职工作之外对你的帮助。比如教你如何查资料，带你认识了业内大咖，给你的文章提了很多建议。我们有位同事，感谢另外一位同事，在她非常艰难的时候陪伴她、开解她，提供了很多情绪价值。这样，才会鼓励大家迈出多一步，去帮助别人。

三是不能向上。不能感谢自己的直接上级，或者上级的上级。因为上级为你做的一切，都是他应该做的。向上感谢，容易造成媚上的风气和利益交换的文化。所以，我们公司永远不允许有人给我写感谢卡。因为我是创始人，为大家做这一切，都是应该的。

四是当面表达。我们每个月会准备一场下午茶。写了感谢卡的同事，要当着所有同事的面表达感谢。有一次，一个员工收到了5～6张感谢卡，特别自豪。其他同事也特别羡慕。这就让所有人都意识到，这样的行为是被鼓励的。

基于以上四个规则，你感谢，我发奖，员工对团队的责任感越来越强了。

建立团队责任感的本质是：通过各种各样的活动，建立彼此间多如发丝的恩情和亏欠联结，大家再也说不清楚谁帮过谁、谁对谁有恩、谁亏欠过谁，永远说不清楚了。

最后形成，"团队的事就是我的事"那种责任感。

帮助员工建立客户责任感

当我们坐在办公室里做产品、做服务或者做流程的时候，面对的是收入、流量、数据这些东西，而不是未来要使用这些产品、服务、流程的人，所以常常对客户没有真切的感觉，以致容易产生"差不多就行了""这个服务很不错了""有 85% 的可能已经是业内领先了"的感受。

当我们用指标来衡量的时候，就容易失去对客户、对人的"责任感"。而这种责任感，才是做好工作的巨大动力源。

所以，经理要不断让员工看到这些数字背后真正的有血有肉、有情感、活生生的人，感受到客户的感受，这样才能激发员工对客户的责任感。

具体怎么做呢？

如果你有时间来润米咨询的办公室参观，你会发现我们的墙上贴的不是标语，而全是客户的真实感受（见图 2-15）。

有一个客户一直在读我们的公众号文章，他因为读了我们的公众号文章而有所改变，提高了商业认知水平，因此获得升职加薪，忍不住给我们发来感谢信。

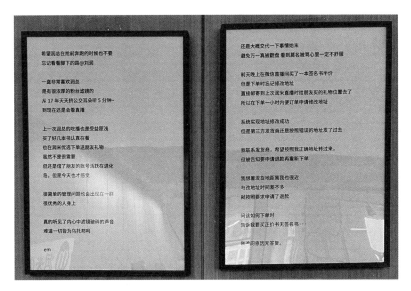

图 2-15　客户的真实感受

　　还有一个客户，他读了好几年我们的公众号文章，给我们提出了很多建议和意见。你能感受到他写下这么一大篇文章，是抱着那种发自肺腑的"怒其不争"，但又掏心掏肺地希望你好的心态。

　　有一个客户买润米优选的产品，遇到了售后问题，结果我们的同事二话不说就帮他解决了。他忍不住写了一封信，表达对这种坚守信用的行为的赞许。

　　而另一个客户则写了一封长长的投诉信。她是买节日礼品的，结果物流晚到了几天。虽然有客观原因，但是错过了节日，礼品还有什么意义？

看着满墙的表扬和批评（尤其是批评），你才能真正理解你的客户，并与他们共情，从而产生责任感。

有同事说："润总，你贴了满墙的批评，以后我怎么带朋友和客户来啊？"我说，这才是客户来参观的一个重要景点。这代表我们愿意与他们共情。这不但是客户参观的重要景点，也是新员工培训的重要内容。

与用户共情，是责任感的基础。

小结 1986 年，苏联切尔诺贝利核电站发生严重事故。为了处置熔融的核燃料，需要有人来挖地道拓展地下空间，这意味着死亡和伤残。但短短两天时间，就有一万多人自愿报名，他们分班分组挖地道，忍受地下的 50℃ 高温和缺氧环境，用 45 天完成了任务。这些不到 30 岁的志愿者，有四分之一在 40 岁之前就离开了人世。

责任感带来的动力有可能超越生死，更不用说超过寻赏了。这些勇士会为了责任感挺身而出，但不会为了钱去死。因为寻赏是为了生活得更好，所以是不会超越生死的。一旦面临死亡威胁，寻赏的张力就会清零。

再来看爱好。爱好是我特别喜欢做的事，但是如果我做不到，那也没关系，因为我对它没有责任。所以，相比爱好，责任感同样是一种更强大的动力源。

如果你试图找出与高工作绩效相关的人格特征，应该选择
那些在责任感维度上得分高的人进行分析。责任感会让一
个人愿意把每件事当成自己的事来做，全情投入，勇于担
当，及时补位；责任感可以让一个人扛住压力，扛住羞辱，
面对艰难沟通，即便一次次跌倒，也还能够咬牙站起来。

经理可以尝试激发员工的三种责任感：

▶ 自我责任感。经理可以用"最近你遇到什么事了吗？
　这不是你的真实水平啊！"，来激发员工的自我责任感。
▶ 团队责任感。经理组织的活动越多、越大，越有利于
　增进团队感情。大家一起享福，一起吃苦，互相帮助
　过，互相承诺过，得到过别人的恩惠，也给过别人恩
　惠之后，最终才能建立起血浓于水的团队责任感。
▶ 客户责任感。经理可以用真实的客户案例、真实的客
　户反馈来建立员工的客户责任感。

学员感悟与案例

涂发胜　我们团队有一个女孩子，做事比较磨蹭，偏
偏领导又是急性子，所以这个女孩子经常挨骂。到现在她

还是没什么进步，只会关注自己熟悉的工作。我们私底下开玩笑说，她的抗压能力越来越强了。其实，她的自尊已经完全被这位领导打碎了，形成了破罐子破摔的心理，什么工作都是领导说怎么做就怎么做，没有自己的判断和思考。

慕慕　要激发下属的责任感，关键要让下属觉得他是被团队需要的，他对团队有重大价值，他的输出是团队不可或缺的重要部分。

帽子　公司的新工厂刚开始运转，产品质量问题不断，出现了各种瑕疵品。老板去了厂里，让所有工人把废板子拿起来，并说："你们会让自己的孩子使用这种废板子做出来的桌子吗？我对大家的要求就是把每张桌子的合格标准，定为你们自己家会用。"然后，他让工人把所有废板子都扔了，再让大家回去工作。老板在处理这个事时，就是在激发工人对客户的责任感。

张康　公司的产品线分好几个端，下属A负责其中一个端的部分业务设计，有一次他和研发部门开需求澄清会，年轻气盛，又和研发人员怼上了。会后，研发负责人向我投诉。我用了"高看你一眼"这种技巧，和A只聊了几句，但效果显著。我对A说："我是把你当作这个端的未来负责人来看待的，希望你以后能把整个端的业务都抓起来，就你这一点就着的暴脾气，以后还怎么获得研发部门的支持？"

意义：理解意义的意义

如果有一个人，你很想把他招进来，但是你却得知谷歌给了他一份比你这里薪水高一倍、职位高三级的工作，外加六星级的食堂福利，甚至万一他不幸离世，他的另一半可以替他再领 10 年的薪水。

那么，你怎么说服他不加入谷歌，而加入你的公司呢？

开出的条件比不过大公司，这是很多小公司经理招人时遇到的重大难题。面对这样的难题，很多人可能立刻就崩溃了：这就是碾压啊！我投降了，你们不要的人，能留几个给我吗？

但不是所有组织遇到谷歌抢人都得投降。在这个世界上，真有一家机构能和谷歌抢人才。

谷歌的创始人拉里·佩奇说："我们最大的对手是NASA（美国航空航天局）。为什么？我们遭遇脸书、微软时，都不怕，有胜有负。但是遭遇 NASA 时，我们从来没有赢过。"

为什么？因为在高级人才心中，有一个你可能相信，也可能不相信的，比寻赏更强的"获得动力"，它就是意义。

意义能超越生存、繁衍和死亡

什么是意义？

　　我们之前介绍的动力，如果究其根本，都来自基因的控制。比如，为什么我们吃甜食的时候会特别开心？因为基因想吃甜的，糖是维持人类生存所需能量的重要来源，你吃到甜食之后，大脑就会释放出一些化学物质，让你觉得开心。再如，为什么我们遇到危险时会觉得恐惧和害怕？因为基因让我们恐惧和害怕，促使我们马上做出保命措施。又如，为什么我们长跑时会越跑越开心？因为基因推动我们追求多巴胺，而运动促进了内啡肽等化学物质的分泌，给我们带来了愉悦感。

　　很多我们认为自主的行为，其实都来自基因的控制。基因通过调节各种化学物质的分泌，如多巴胺、内啡肽、催产素等，给人强大的动力，让人趋利避害，实现生存和繁衍，从而使基因自身能够保存和复制。但是基因带来的种种动力，最终有一个边界，就是生死。

　　这个世界上有一种动力，它比基因带来的动力还要强大，无关利害，甚至超越生死。有的人可能会想，我这辈子被基因控制住了，我还能不能有真正的自由啊？真正的自由是，你所做的事情不是基因想让你做的，而是你自己真正想要做的。这种事情就是你找到的意义。

　　我给大家讲一个故事。2019年1月，我带二十几位企业家到美国游学，邀请了谷歌的郭博士给我们做分享，中间有一点特别打动我，甚至震撼了我。

有一天，郭博士的女儿对郭博士说："爸爸，我看电视新闻，发现非洲竟然那么贫穷，还有很多人连饭都吃不上，每年都有人饿死。我们能为这些快饿死的人做点什么吗？"

郭博士当时语塞了，他以前根本就没有为此做过什么，也不知道能做什么。但他觉得，他不能告诉女儿："我们不需要为他们做什么，我们也做不了什么。"他想，他一定要做点事情，让女儿知道，在这个世界上我们是可以做一点有意义的事情的。

于是，郭博士就跟谷歌公司商量，看能不能把他调到 X 部门。X 部门是谷歌专门做长远项目的部门，比如放一些热气球到空中，为全球提供 Wi-Fi。

郭博士提议说，我想创建一个新项目，解决全人类的饥饿问题。这个问题特别宏大，更像联合国要做的事，没想到谷歌真的批准了这个项目。郭博士就从原来的部门调到了 X 部门，专门研究这个听上去特别不靠谱的项目：解决全人类的饥饿问题。

那怎么解决呢？现在还不知道。但是他说自从做了这个项目之后，每天早上他都是跳着起床的，非常兴奋。"我可以起床去办公室了，我可以继续研究怎么解决全人类的饥饿问题了。"他在讲这句话的时候，眼睛里是冒着光的，因为他找到了自己的使命，找到了自己人生的意义。

想赚钱是为了生存和繁衍，想变漂亮也是为了生存和繁衍，让自己更有竞争力还是为了生存和繁衍。那什么东西不是为了生存和繁衍呢？就是意义。

意义，就是使命，就是怎么使自己这条命。

意义的意义，就是超越一切的动力。

结伴动力的责任张力有时候可以超越生死，其他张力都止于生死；古往今来，因为意义而超越生死的例子是最多的。

这个世界上真的有些人，是为了意义而活着。比如那些拒绝了谷歌的高薪而选择去 NASA 的人，他们更看重的是探索宇宙空间的意义。

意义管理三部曲

不是每个人、每家公司都具备"意义"这个张力的。能够使用这个张力的，已经是高手了，所以我们把它放在最后来讲。要想给员工的"获得动力"添加"意义"这种燃料，有三个步骤（见图 2-16）。

找到意义

你要先找到这个意义，找到比你自身更重要的事情（something bigger than yourself）。找到这个动力之后，所有关于自身的动力就显得渺小了。

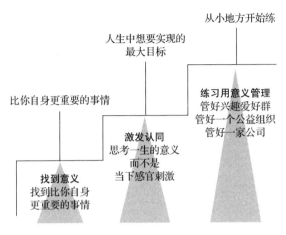

图 2-16　意义管理三部曲

　　比如你的公司是做人造肉的，那公司的使命或者公司存在的意义是什么？中国早就有人造肉，有些人怕胖，不吃肉，于是去素食餐馆吃用大豆蛋白做出的火腿肠和牛排，特别好吃。素食餐馆的意义是让人们在享受肉味的同时不长胖，那人造肉公司的意义呢？

　　今天人类面临全球变暖问题，而导致全球变暖的二氧化碳，18% 来自动物养殖。如果能把植物蛋白做出动物蛋白的口感，那人们就可以不用再养殖动物，吃植物蛋白就好了，这样就能大量减少二氧化碳的排放，人造肉公司就为地球生命做出了重大贡献。你听完这个论述之后，是不是感觉这家公司跟素食餐馆大不相同了？因为它产生了巨大的意义，创造了比自身更重要的事情。

　　经理要想对员工做好意义管理，需要深刻理解到底什么是使命（mission）。

有人说，使命就是"做什么"，愿景是"做成什么样"。这没错，但是这样的表述会让人觉得使命和主营业务是差不多的意思，并没有真正讲清楚使命的"灵魂"。

使命的灵魂是什么？我们常听说，"天将降大任于斯人也，必先苦其心志，劳其筋骨，饿其体肤，空乏其身，行拂乱其所为"，什么事情能让你心苦、骨劳、体饿、身乏、行乱，却还要坚持？是大任，上天安排给你的大任。一旦你接受了上天给你安排的大任，你就有了意义感或者使命感，你会觉得你做的每一件事，吃的每一份苦都是值得的。

一个公司的使命，也可以说是召唤（calling）。就像上帝突然拍了拍你的脑袋，告诉你，你这辈子创业就是为了做这件事。当你收到了使命的召唤，就会心无旁骛，能拒绝其他任何诱惑，也能克服困难。因为这是你的"使命"，如果你想清楚了，就知道怎么使自己这条命了。

理解了使命的灵魂所在，你就会明白，其实大部分公司是没有使命的。使命不是公司的必备品，而是公司的奢侈品。一个人有梦想，有大任，是令人羡慕的；一个公司有愿景，有使命，是令人嫉妒的。因为使命的背后是意义，意义的力量强过任何激励。

有些公司看到别的公司有使命，于是也想有自己的使命。它们把自己正在做的所有业务提炼出共性，写成一句话，然后说这就是公司的使命。这句话确实是在说"做什么"，并且囊括了公司正在做的所有事情，看上去正是因为这个使命，公司才做了这些事情。但后来，公司又开拓了一些新业务，它们和使命完全没有关系。这时候怎么办？有使命感的公司会砍掉这些业务，而没有使命感的公司则会修改使命。没有使命感的公司，必然会经常修改使命。

我们常说，真正的企业家是一群具备强烈"使命感"的群体。他们有长久的决心，有守拙实干的精神。

建设一个行业，不是一朝一夕的事情，必须做好长久打算。所以，他们只拿"长钱"，只拿那些需要等待 10 年甚至 20 年才有回报的钱。能等，才能获得大回报。

有一次我和晨兴资本（2020 年更名为五源资本）的创始合伙人刘芹聊天，聊到一个项目时，他说早期就不太看好，为什么？因为这个创始人太聪明了。什么意思？太聪明不好吗？确实不好。

聪是听力好，明是视力好，太聪明的人，每天都能听到或看到各种机遇，想到各种激动人心的模式。因此，太聪明的人非常容易失焦，非常容易患得患失。

而创业是把一件事坚持做到极致，一定程度的"傻"有助于这种坚持。

其实，可以听到或看到全世界，有时是一种惩罚，太聪

明的人需要对抗全世界的诱惑。守拙实干，就是愿下笨功
夫，在一个行业里持续深耕，数十年如一日。

激发认同

找到意义（创建使命）之后，你要激发大家对这个意义
的认同。首先，要把理性逻辑讲清楚，让员工的大脑能接受。
接下来，还要用感性画面和案例，让员工的心灵能认同。

关于激发认同，我介绍一下古典老师的一个办法。管理
者可以请员工想象一个场景：你已经80岁了，鉴于你对人
类所做出的贡献，联合国决定给你颁发一个"最佳人类奖"，
你希望这个奖牌上写什么？

这时员工通常会有兴趣展开思考：我希望别人在奖牌上
写什么呢？写我是一个对社会有贡献的人，还是写我是一个
特别优秀的管理专家，或是写我改变了1亿人的生活？认真
思考之后的答案就是他的人生意义所在，就是真正能激励他
的、他想要实现的那个最大的目标。

"80岁奖牌"这个问题，有助于大家思考一生的意义，
而不是感受当下的感官刺激。

练习用意义管理

用意义管理团队是高级管理者的一项重要能力，可以从
小地方开始练起，比如管好一个公益组织，或者管好一个兴

趣爱好群。

我在 2003 年开始做公益项目，加入了一个组织叫"国际青年成就"。2005 年，我成立了自己的公益机构，叫作"捐献时间"。公益组织不好管，不能给大家发钱，只能靠意义来管理，告诉大家这件事有什么价值，能帮助到什么人，甚至能够改变人类的生活。

成为一个公益组织的负责人，让一群人共同完成一个目标，并且有序地管理好这个事，能够真正锻炼一个人的管理能力。能管好公益组织，就能管好商业组织，因为商业组织使用最多的动力工具就是寻赏，这其实是相对比较容易的，用意义管理才比较难。

如果你不做公益组织，也没关系。你至少可以建一个兴趣微信群，大家共同读书、学习。如果你不给大家发工资，还能把它运营好，那么背后一定有超越金钱的东西，那就是意义。把兴趣类微信群运营管理好了，你会更擅长把意义作为动力来管理员工。

小结 意义，就是比自身更重要的事情。意义是利他的，超越了基因所控制的生存、繁衍等人生目的，我们可以从中获得真正的自由。意义，是脱离了基本需求的、真正高级的人想要创造的人生价值。

一定是对社会有巨大价值、对他人有巨大帮助的事，才能被称为意义。意义的意义，就是超越一切的动力。管理学大师德鲁克认为，管理的本质是激发人的善意。让员工知道工作的意义和重要性，是激发善意的一个关键方法。

给员工的"获得动力"添加"意义"这种燃料，有三个步骤：找到意义、激发认同和练习用意义管理。

意义对组织很有价值，我们甚至可以想到为意义牺牲的董存瑞、黄继光、邱少云。但是要注意：如果意义连你自己都不信，你却要员工信，这就不叫意义了，而叫画饼，甚至是欺骗。

学员感悟与案例

肋骨　大学毕业后，我在北京的一家传统 IT 上市公司写代码，每天就是行尸走肉地上下班，看不到未来和希望。一次机缘巧合，我接触到一家外地的城建平台公司及其总经理，他们为当地建设政府工程。我看到了他们在这座城市的很多在建大项目，也看到了这座城市的面貌：干净整洁，走在路上的人们都很安逸。就在那一瞬间，我觉得自己也应该为这座城市的建设做点事情，这样才是有存在感、有意义的。于是，我辞职来到了这座只来过两次的城市，拒绝了总经理让我从主管做起的橄榄枝，而是选择从公司最基层开始踏踏实实干。有一段时间，我觉得每天都打满了鸡血。现在我带着儿子路过一些自己负责的项目时，我都会跟他说：这楼是爸爸当年和你××叔叔一起建起来的。

鸣人　我经常参加头马俱乐部的演讲活动，这是个延续近百年的全球性公益演讲组织，每周都有一群热心人组织活动。参与活动的人，只要上场演讲，都能获得有效的反馈。没有商业，没有广告，没有盈利，只有热爱与付出。看来，我得尽快竞选上俱乐部主席，多多锻炼激发认同的能力。

俊翰　这一节的内容让我想到了华为。任正非说华为最团结的时候，不是过去那些获得成就和发奖金的时刻，而是现在被美国打压的时候。因为这激起了华为有可能被打垮的恐惧、对霸权主义的愤怒、对开创新局面的寻赏、对所做事情的爱好、对公司的责任，以及华为不被打垮、生存下来对家国的意义。

回想自己工作的动力，有对家庭的责任，有对失去工作、无法立足社会的恐惧，有对别人看不起自己的愤怒，有对物质的寻赏，有对销售的热爱，也有想做成事业发挥出自我价值的意义。

第 3 章

能力

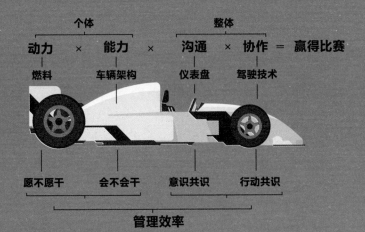

个体				整体		
动力	×	能力	×	沟通	× 协作	= 赢得比赛
燃料		车辆架构		仪表盘	驾驶技术	

愿不愿干　　会不会干　　意识共识　　行动共识

管理效率

突破自然效率

个体的贡献首先来自自己的动力，也就是意愿。在第 2 章里，我们介绍了经理激励员工可以用的四大动力，以及相应的六种燃料。作为管理者，你需要担任一个角色——鼓手。你站在场外，给大家加油鼓劲。

为什么组织中需要鼓手？古代打仗时鼓手的重要程度堪比将领。从一鼓作气、鼓舞士气、鼓足勇气等成语，也可以看出鼓手的作用之大。在发起一个任务时，经理要像军队里的鼓手那样，给即将冲锋的员工壮行；在任务遇到困难时，经理要给员工擂鼓助威，增强他们冲破难关的动力。

但这些还不够，光是鼓舞士气还不足以克敌制胜。动力解决不了能力的问题，员工的动力乘以他的能力，才等于他个体的贡献值。我们希望每个员工都能够成为特种兵，既充满战斗激情，同时又充满战斗力。因此从员工晋升到经理，你还要担任另一个角色——成为提升员工能力的"教练"。

通用电气集团前 CEO 杰克·韦尔奇说过："我的主要工作是培养人才。我就像一名园丁，为公司 750 名高管浇水施肥。"

不论是当企业一把手，还是做基层管理者，都要当好"教练"，提升员工的能力，帮助他们成长为可用之才。

教练：为明天的自己训练团队

终于从员工升到经理了，你的第一份快乐是什么？第一份快乐是自己终于有了手下，心情那是相当的好。但这第一份快乐可能最多只会持续三天，随后你就会感受到你的第一份痛苦：你手下的这届员工不如你。你总是忍不住想要说：你别动，放着我来！事后想想，员工干完活后还要你去补救，那还不如把他开除算了。

大部分经理可能还没到想开除人的地步，但抱怨往往是少不了的："我手下的员工怎么会能力这么差？这件事做不好，那件事做不好，跟我真是没法比，我那时真是领导指哪儿打哪儿，把所有任务都完成得妥妥帖帖，现在真是一代不如一代。"

然而，认为员工不如自己，这是经理最容易犯的一个认知上的错误。

能力截面

真的是这届员工不行吗？

也许是，但也许不是。你反过来想，如果这届员工很行，甚至比你都行，那还轮得到你升职吗？你升职的原因，通常就是你比他们强，老板当然会提拔他认为最好的那个人。

假如你有两个选择，一是你没升职，比你差的同事升职了，你有一个不行的上司，你痛不欲生；二是你作为最强的员工被提升为经理，但有一届不行的员工，你苦不堪言。请问你选哪一个？

大部分人可能都会选被提升为经理，有一届不行的员工。

其实，老板把你提升为经理，大多有一个潜在的希望，就是希望你把你的能力复制给大家。

按照通常的逻辑，你被提升为经理，是因为你的能力相对较为突出。也正因为如此，你看所有员工都感觉他们能力差。但根本原因，是你只看到了员工现在的能力截面。

什么叫截面？就是横断面。你拦腰斩断一条河流，看到的就是河流的截面，可是片刻之后截面就不一样了，因为水还在流，它是动态的。同样，你今天看到的员工的能力截面，也只代表员工今天的状态。所以，认为这届员工不行的本质原因，是你忽略了时间会给这个团队带来的成长。你只看到了他们今天的能力截面，觉得自己拿到了一手烂牌。

那怎么办？自己上？那就是降级使用，拿着经理的工资干员工的活。说得严重一点，你这是在浪费公司的资源。

干活，还是要靠大家。升为经理后，你要做出重大转变，除了当好鼓手，还要扛起另一个重要角色——教练。也就是说，你要开始培养员工。

提升明天的业绩

给大家讲一个我在微软时老板培养我的故事。

做完一个很大的项目后，作为项目负责人，我要写一份全英文的报告，用电子邮箱发送给我的老板。

这份报告很重要，是要发给微软美国总部的，所以老板很重视。他审核了一遍，给我回复了邮件，提了很多意见，但是他没有亲自改。我觉得有点气愤：你这样不是找事儿吗？你有意见，直接改完发出去，不就搞定了吗？为什么非要我来改？

官大一级压死人，我也没办法，那就改吧。改完之后，我特地标注了"V2"，表示这是第二版。第二版发过去之后，老板仍然待在他的办公室里看，看完之后又发给我。我一看，他又提了一堆意见，并且又没给我改。我当时挺恼火，但能怎么办呢？他是老板啊，我只好又开始改。

他在办公室里，我在外边的工位上，我们就这么来回改，一直改到第二天早上7点才发给美国总部，大约改了12小时。

这件事情一开始让我觉得非常奇怪、沮丧和愤怒，如果要用最低的成本来获得美国总部的认可，那就是我的老板直接来改，最多1小时就改完了。多年以后，我才明白，老板陪了我12小时，一夜没睡，他花费这么多的时间和精力，其实是在帮我提升能力。今天我仍然非常感激他，正因为他的培养，后来我才有了独当一面的能力。

所以老板并不是在虐我，因为他自己也在被虐。他培养我，是因为他知道总有一天他要去做更大的事，部下必须能够独立跟高层沟通。这时我的老板就不仅是鼓手，还承担了教练的角色。

老板为什么要这么辛苦做教练？因为他知道，自己今天很辛苦，是因为员工今天的能力让他辛苦。他不希望明天也辛苦，所以今天要抽时间培养员工，把明天的问题解决了。

因为能力的"滞后效应"，经理应该把40%的精力花在提升今天的业绩上，40%的精力花在提升团队能力上——提升团队能力就等于提升明天的业绩，另外20%的精力花在提升自己的能力上（见图3-1）。

员工一旦晋升成为经理，就要开始承担过去从来不曾承担过的种种角色，其中一种角色就是教练。教练的职责，就是培养员工、提升团队能力。

培养员工的本质是帮助明天的自己达成更好的业绩，这是一项长久的投资。

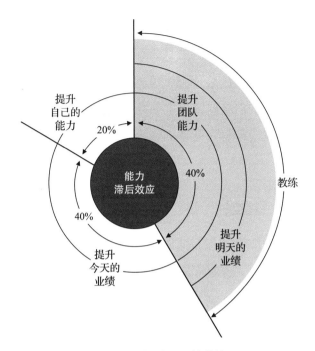

图 3-1　提升明天的业绩

训练、调岗和替换

一个员工能升职成为经理，往往是因为业务能力突出。但经理并不一定在所有方面都要比员工强，比如图书策划经理可能十分擅长设计书名、撰写文案——这一核心业务技能深得老板认可，但他对封面的审美未必一流，发现书稿中错字病句的能力未必比得过下属。甚至经过持续的成长，员工的核心业务技能也会比经理强，但经理依然要做员工的教练。

游泳世界冠军，可以说是全世界游得最快的人，他一样有教练，教练是用专业的方法来帮助他成长，并不是一定要比他强。即使员工比经理强，经理还是可以帮助他，员工的成长才是目的，但经理比员工强并不是前提。

那经理怎么做好教练呢？需要去做三件事：训练、调岗和替换。

训练——程度轴

一个人的能力是有高低的，通过训练提升一个员工在某件事情上的能力，这叫程度轴上的提升。

德国将传统学徒制与现代学校教育制度相结合，安排学生接受三年或三年半的实践训练，培养了大批高素质职业技能人才。这是德国制造享誉世界的关键因素之一。

国家提升竞争力靠人才培养，企业提升竞争力也是如此。产品，从来不是一家企业的核心竞争力。

打个比方，你有一只鹅，每天下一只金蛋。你把金蛋卖了，赚了不少钱。那么，你的鹅每天下的金蛋是核心竞争力吗？当然不是，那只鹅才是。

下蛋，是鹅的工作；养鹅，是公司的工作。那么，如何养鹅？如何让鹅更好地下蛋？也就是如何让你的产品团队生产出更好的产品？你给鹅下任务指标，让鹅从每天下一只蛋到下两只，或者必须下双黄蛋，这样你就能赚更多钱吗？不是的，这无异于"杀鹅取卵"。

　　你更应该去关注鹅的状态。你的员工是否有足够的时间学习？你是否给了他们足够的训练？只有这些员工通过训练不断成长，他们才能生产出更好的产品。这是企业提升竞争力的底层逻辑。

　　提升一个人的能力，这是教练可以帮到员工的。后面我会用三个小节来专门讲经理如何培养一个员工的能力，这对很多经理来说是要从零开始学的技能（见图 3-2）。

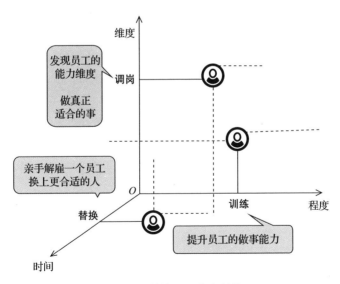

图 3-2　训练、调岗和替换

调岗——维度轴

不同的员工有不同的人生经历、性格、爱好。约翰·霍兰德的人格－职业匹配理论认为，一个人的职业与其性格、兴趣密切相关，当一个人的性格特征和兴趣与职业相符时，更能调动其工作热情，激发自身潜力，并提高工作满意度。比如有的人心细，适合做会计；有的人活泼外向，适合做销售。

所以，一个好的经理还得有一种很重要的能力，就是能发现员工的能力维度，然后通过调岗，让他们去做真正适合自身能力维度的事情。

替换——时间轴

经理要接受，员工的能力提升是需要时间的，他们要花很多时间才能真正成长起来。成长这件事不是变魔术，它是时间的艺术。

如果你发现一个员工的成长速度与时间不成正比，或者总是没有成长，那么你必须学会亲手解雇一个员工，换上更合适的人。换人，其实就是用钱来买提升团队能力的时间。

换人听上去很残忍，但这是员工晋升为经理后的一个"成人礼"，你必须亲自做这件事。你不能让人力资源部来解雇，你要亲自把员工叫过来，面对面地看着他的眼睛告诉他：你被解雇了。面对着他惊讶的目光，你要跟他讲清楚，为什么这件事情会发生。你得让他能坦然接受，觉得自己无可辩驳，甚至还对你心怀感激。这时候你才完成了作为经理的"成人礼"。

小
结
：从员工晋升到经理，你多了两个角色：鼓手和教练。

教练，要把一部分精力花在提升员工今天的能力和创造团队明天的业绩上。换言之，经理要为明天来做一些投资，来培养员工。

教练要做三件事：训练、调岗和替换。

普通人盯着结果，优秀的人改变原因。能力，是业绩的原因。经理改变员工的能力，就是改变明天的业绩。

学员感悟与案例

怀宽　作为一家刚成立不久的分公司，用来招人和支付薪水的预算是有限的，因此也招不到能力多强的人。这就让我产生了一种错觉：现在公司规模还小，等销售额上来了，预算多了，就可以招几个能力更强的，把手下能力不行的员工换掉。我忽略了作为经理的一个重要职责，就是帮助员工提升他们的能力。对于那些实在激励不了也提高不了的员工，再考虑换掉。而且有一点很重要，现有团队能力没有得到提升，业绩就起不来，也就不会有我想象中的等销售额上来了再把人换掉这一说。

关关　我总觉得把每件事情都给员工讲清楚了，包括该怎样制订计划和达成目标，重点在哪里，员工就应该能做到。但我忽略了在每一个点上还有很多底层逻辑和知识没有讲到位，可能我也讲不透彻，就算讲透彻了，下属也需要一段时间来适应和成长。

张康　我会去"培养"下属，起初只是因为我乐于分享的性格。我一直觉得，自己踩过的坑，如果眼睁睁看着别人也掉进去，实在于心不忍。人类在各方面"进化"得越来越快，就是因为每代人站在了前人的肩膀上。如果总是藏着掖着，不仅显得格局小，而且不利于整个群体的成长。因此，在布置任务后，我会让下属想一想，大概要怎么做，半个小时后再单独聊。聊的过程中，我会提醒他哪些关键节点要注意，哪些人需要打交道，哪些人脾气不好等，让下属一一记下。踩坑的教训整个团队都可以有，但尽量别重复踩坑，否则效率太低了。

黄安琪　对于确实不能胜任岗位的人，我会直接把他优化掉。我会跟员工直接面对面沟通，而不是像 HR 那样例行走流程，我会与他深聊："你擅长做什么？你觉得这段经历有哪些地方让你不舒服？你考虑过去做 ×× 类型的工作吗？简历方面遇到了什么问题吗？"这样沟通，被优化的员工不仅不会记恨你把他优化掉，反而会感谢你帮他找到了方向。

干中学：从用人所长到帮人成长

前面讲了，做好教练要做三件事，第一件事是训练（培养）。训练的目的是提升员工的能力，让员工的能力越来越强，从原来的 5 分，提升到 6 分、7 分、8 分。

今天用今天的他们，明天用明天的他们，后天用后天的他们。为了完成明天、后天不断提高的业绩指标，经理需要不断提升员工的能力。那经理怎样才能帮助员工成长呢？最重要的办法，就是让员工从自己的工作经验中学习。

我根据这个观点给年轻人提过职业生涯的建议。有一次我在北京跟一个老领导吃饭，他带了一个年轻朋友过来。这个小伙子说："我们年轻人都渴望实现比较快的成长，润总，你有什么建议吗？"我就问他是做什么的，他说在做一些广告项目的执行。

我接着问他："你喜欢这个工作吗？你能在工作中学到东西吗？"他说不是很喜欢这个工作，原因正是他在工作中学不到东西。所以他其实是想问我，他应该额外学点什么？怎么学？

请问：如果是你，你会怎样建议？是买个好一点的耳机，上下班路上多听课？用工作赚学费，晚上读个夜校？还是认识一位名师？

我建议他：辞职吧！

有人可能会说：为什么？你这个建议太不负责任了吧？

因为一个人能获得的成长，70%是在工作中完成的，20%是在与他人的互相学习中完成的，只有10%从课程等正式学习中得来。成年人最好的学习方式是干中学（learning by doing）。

犯错、解决、改进、成长

有人说：润总，你这样不好吧？你建议在工作中学不到东西的员工离职，那我作为经理的压力岂不是很大？

当然，这是经理的责任。

还记得经理的两个身份吗？鼓手和教练。如果一个运动员跟着教练学不到东西，那这教练还能叫教练吗？

"干中学"，是一个团队最重要的学习方式；帮助员工"干中学"，是一个教练最重要的工作。

经理要知道，员工最重要的成长一定来自工作本身，因为只有工作才是实践，只有在实践中才能学会技能（skill），而培训是知识（knowledge）的传授。成年人最高效的学习方式，就是干中学。用古人的话来说，就是"纸上得来终觉浅，绝知此事要躬行"。

"干中学"，是著名的诺贝尔经济学奖获得者阿罗（Kenneth J. Arrow）于1962年提出的模型。

"干中学"是指，员工在完成工作的过程中，不可避免地会思考、探索和尝试改进工作的方法，这样员工通过工作本身就可以积累知识。换句话说，知识的积累有时不是"学习"的结果，而是"工作"的副产品。这种积累知识的过程，就叫作"干中学"。

如果经理只把员工当作工作的机器，认为工作成果才是唯一的产品，那么员工的价值就会随着时间的推移，边际效用越来越低。最后经理会发现，随着竞争越来越激烈，行业平均水平越来越高，自己身边没有人才可用。

如果经理有意识地把工作的副产品，也就是员工在工作中思考、探索和尝试改进工作的方法收集起来，用来浇灌员工，提高生产力，那么整个团队的能力就会越来越强。

这就是"干中学"。

"干中学"意味着，经理不能让员工一直做他熟悉和擅长的事情，而要让员工走出舒适区，去做一些他不熟悉和不擅长的事情。这就需要经理具备一种修养，他要允许员工犯错，因为只要去做自己不擅长的事情，或者去做此前不熟悉的事情，就有可能做对，也有可能做错。经理要把员工犯错当成是培养的成本，然后跟员工一起来解决问题，而跟员工一起解决问题本身就是培养，今后改进了工作方法就是员工获得了成长。

犯错、解决、改进、成长，这就是经理对员工的培养过程。大家有没有发现，教练真正的重点并不是教，而是让员工去练。

周记、分享和复盘

经理具体该怎么帮助员工"干中学"呢？

"干中学"的本质，是思考。所以，经理一定要创造员工对工作不断思考的场景。下面，我给大家分享三个基本的方法：周记、分享和复盘（见图 3-3）。

周记

我特别建议每个团队都要养成写周记的习惯，老板要写，经理要写，员工也要写。每个人都要写自己这一周做了些什么，下一周打算做什么，这是周记的基本要求。

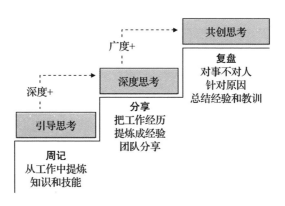

图 3-3 周记、分享和复盘

但是要特别注意三点：第一，周记的目的不是（至少不仅仅是）检查进度，所以不要仅仅汇报成果、进展和业绩。这些都是结果，不是原因。那要汇报什么？汇报从工作中提炼的知识和技能。

第二，可以考虑使用模板：我做对了什么，做错了什么（关注点在事，记录结果），收获了什么经验，有哪些今后要避免的教训（关注点在人，提升能力）。

第三，自己不仅要写，也要评价。

引导大家思考和总结是有必要的。因为思考很耗费能量，而耗费能量的事情，很多都是违背人性的，比如撸铁、跑步。在你爱上运动之前，一点点地引导是很有必要的。

有的人虽然有 10 年工作经验，但其实他只是把第一年的工作经验重复了 10 遍，甚至他只是把第一天的工作经验重复了 3000 多遍而已，因为他没有总结、没有提升。所以，经理一定要让员工坚持写周记，坚持思考和总结，才能获得提升。

分享

如果经理发现员工的周记中有特别好的内容，可以建议他给大家分享，讲讲做好这件事的原因是什么。因为这相比周记更加正式了，他就会想自己怎么讲比较好，然后进一步地思考，把自己的经历提炼成经验，再分享给大家。

周记是引导员工思考，分享是引导员工有深度地思考。

以前我带技术团队时，组织过一个"周五讲坛"活动。每周五下午，我们会邀请或者接受员工报名，开一场 1～2

小时的分享会。这名员工会先讲讲他最近研究的一些技术问题，或者遇到的难题的解决方法，然后接受大家的提问，和大家一起探讨。

这个活动看似帮助了听众，其实更大程度上还帮助了分享者。通过准备和讨论，分享者对问题的理解会更深。

这背后的原理，就是费曼学习法。用输出，倒逼输入。

2006 年，我写了一篇文章《出租司机给我上的 MBA 课》，刷遍了当时的互联网。很多人都不信这个司机真的存在。后来，我邀请他到微软来讲课，他就是在这个"周五讲坛"活动上做的演讲。

让定期的分享和来听分享成为习惯，有助于帮助员工深度思考。

你也可以试一试。

复盘

事前有沙盘，事后有复盘。如果遇到困难和失败，这时候更是要做复盘。

对于复盘的重要性，我深有感触。我一直有个目标，就是徒步"穹顶 1 纬度"，抵达北极点。徒步"穹顶 1 纬度"，就是先坐直升机，降落到北纬 89° 北冰洋的浮冰上，然后在"流动"的浮冰上徒步整整一个纬度，抵达北极点。

听起来很有意思。可是，在浮冰上怎么徒步呢？拿出

GPS，打开卫星地图，规划一条能绕开浮冰裂缝，通往北极点的路线。然后，踩着"流动"的浮冰，出发。坚持向北走，直到晚上，搭帐篷，休息。

有意思的部分来了。你猜，第二天醒来，我必须要做的一件事是什么？再次拿出 GPS，打开卫星地图，看看自己在哪里。然后，重新规划一条能绕开浮冰裂缝，通往北极点的路线。为什么要重新规划？因为脚下是浮冰，一直在"流动"。

企业经营，就是在浮冰上徒步。最初的目标可以不变，但是内部和外部环境可能一直在变，这就需要"调整"路线。可是，怎么调整呢？复盘。

我给你分享一个我自己常用的"项目复盘"模板（见表 3-1）和一个我们每个业务负责人都在用的"年度复盘"清单（见表 3-2）。

表 3-1　"项目复盘"模板

×××项目复盘		
项目名：		
复盘日期：		
参与人：		
做得好的	"如何"发生的	如何复制
1.		
2.		
3.		

（续）

做得不好的	"为何"会发生	如何避免
1.		
2.		
3.		

备忘

表 3-2 "年度复盘"清单

年度复盘七要素	1. 从 OKR 结果角度，上一年度，"做到"了什么
	2. 从方法论角度，上一年度，"做对"了什么
	3. 从方法论角度，上一年"不足"之处是什么，怎么改进
	4. 对伙伴的表扬和肯定，及对合作的"感谢"
	5. 下一年度，OKR 是什么，核心有哪些
	6. 具体怎么做
	7. 期待大家给我什么样的帮助

　　这些复盘清单非常简单，因为它们的关键不是要素"多不多"，而是"做没做"。复盘清单越简单，你就越有可能坚持做下去。

　　但是，复盘还是有一些注意事项的。

　　第一，复盘的关键是对事不对人，这样员工才能进行有深度的共创思考。

复盘时，经理要让大家都养成大胆发言、就事论事的习惯，因为如果一旦对人，大家可能就不敢谈，或者不好意思谈了。把这种文化建立起来，勇敢地谈事情的好坏，而不论人的对错，不涉及扛责任和受惩罚，这样大家的目标就能锁定在经验积累上，而不是宣泄情绪或追究责任。

第二，复盘时要分析怎样提升做事的效率或效果。

我们运用第三人称，即假设虚构的丁做了某件事，然后分别问甲和乙：你觉得这件事可以怎么提高？通过这样的复盘，大家能够获得新的知识。

批评是针对结果，对人不对事，会让员工反感抗拒，进而产生负面情绪。复盘是针对原因，对事不对人，能让员工学到教训，并总结出宝贵的经验。

小
结　员工最重要的成长来自工作本身，无法"干中学"的工作，不值得做。10% 的正式学习，弥补不了 70% 的"干中学"的缺失。这就像一日三餐都不吃，光靠公司每天下午的"欢聚时光"的饼干过日子，是要饿死的。

三流经理"用人所长"，这是在消费员工现有的能力，员工无法获得成长；一流经理"帮人成长"，投资开发员工的新能力。

那经理怎么帮助员工通过"干中学"获得成长呢？有三个方法，即周记、分享和复盘。周记是引导员工思考，分享是引导员工有深度地思考，复盘是引导员工有深度的共创思考。

学员案例与感悟

肋骨　初当部门副经理的时候，我带两个刚毕业的大学生，开始时我无从下手，用的就是润总的周记法，每周有周记，有点评。后来两个人的效果截然相反：一个成长很快，很快就能独当一面；另一个四年下来各方面都还跟职场新人一样。今天我又打开了他们之前的邮件来看，发现和润总说的一模一样，成长快的人除了记流水账，还会有一段自己的心得和总结，而没怎么成长的那个人，周记就是纯粹的流水账。

从贰开始　我的工作内容从一件事情累积到五件事情，有时候私下里我也会抱怨，怎么给我安排的工作越来越多了。后来护士的一句话点醒了我，他说，小陈你现在来这快一年了，都变成万金油了，什么都懂什么都会，有事找你解决最靠谱。那时候我才想到，领导这是在锻炼我，让我一年之内的成长抵得上别人的两三年！

　　王婷婷　团队成员 A 之前没有独立带项目的经验，都是我亲自盯每个项目，她协助我完成其中某几个环节。虽然很不放心，但我还是决定给她机会，去尝试完成整个项目。最终项目她还是顺利完成了，针对做得不完善、准备不充分的环节，我们做了详细复盘，并且我要求她在全部门分享了经验和教训。虽然有一些小遗憾，导致项目的整体投入产出比降低，但为了员工的试错和成长，还是很值得的。

　　黄安琪　我的习惯是每天会复盘自己的工作，原则是不去纠结那个不好的结果，而是去分析：

　　1. 这个结果是什么原因导致的，包括外部的和自身的原因。

　　2. 这些不足我可以怎么改善，要给出具体的解决方案。

　　3. 下次若再遇到此类情况，我用了改善型方案之后，结果有没有变化。

　　我发现，只要经过三次复盘，就会针对这一类型的问题，形成一套正确的行事方式，犯错概率会大幅降低。

　　写周记和分享很多团队都在用，关键是管理者能否像教练一样，帮助员工认识到自己的问题和不足，并给出恰当的适合他个人的解决方案，关注他实施这个方案的结果，同时给予支持和鼓励。

传授：不要用训人代替教人

成长为经理，要成为鼓手，也要成为教练。鼓手是"妈"，不断鼓励大家；教练是"爸"，告诉大家这样干或那样干。经理是又当爸又当妈。

作为教练，到底要做什么呢？除了上一节讲的教练要帮助员工"干中学"，因为他们70%的能力是在工作中学到的，教练还要会"传授"。

员工在实践中自己"悟"是一方面，经理的"点"是另一方面，有时经理"点"透了，员工才能明白。"悟"是自己"干中学"，"点"是师傅领进门。

经理经常会遇到这样的场景。你布置了一项工作，问员工会不会。员工一脸茫然，但他却说："会。"你心里很不踏实，就说："那我还是演示一遍吧。"你做完一遍，问："会了吗？"员工依然一脸茫然，说："会了。"

你虽然让员工去做了，但是心中有种不祥的预感。

过了几天，员工来给你交作业了。你发现他做得一塌糊涂，你连踹他一脚的心都有了，说："你怎么连这都学不会？！"

请问：这个员工有什么问题？

他太笨吗？他不用心吗？他不是这块料吗？

有可能。但还可能是因为你不会教。

很多经理，自己能把事情做好，但是非常不擅长教人。他们以"训人"代替"教人"。

他们没有学会一件事情——传授。

五级传授

传授的本质，就是把自己的能力，复制给别人。

作为教练，进行传授的关键是什么？关键是传授内容的知识含量。

让员工看你表演一遍，这不叫教人，因为这里面的知识含量低。

我把教练传授内容的知识含量分成五个级别：白水级、啤酒级、黄酒级、红酒级和白酒级（见图 3-4）。

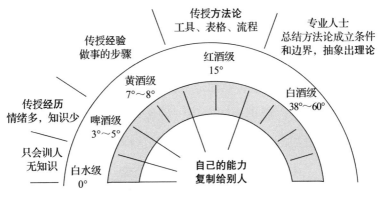

图 3-4　五级传授

我们一个一个来说。

第一个层级是白水级（0°）。教练在传授的时候，什么都没有教，只会训人。

"你怎么什么都不会？你要好好做。你再不努力不行啊。"教练的这些话没有任何知识含量，好比一杯白水，这不叫传授，这叫训人。

第二个层级是啤酒级（3°～5°）。教练会传授一定的知识，这种知识叫经历。

教练告诉员工，自己一路是怎么走过来的。他做员工的时候，也是天天被老板骂，那怎么办？骂就听着，错了就改，硬扛着向前走。"当时遇到了……能挺过来真是不容易……如果当初没有某位领导的赏识，我根本不会有今天……。"

听经历型的分享，员工会有共鸣，会有触动，会受到鼓舞。人们都喜欢听真实的故事，喜欢那种听完之后被某些东西击中的感觉。但经历中更多的是情绪，知识含量很少，就像啤酒，酒精浓度低，有效成分很少。

员工听完之后再回味一下，好像除了类似"遇到困难，不怕困难""坚持到底，就能胜利"这样的奋斗精神，就没有什么了，真正能够拿来应用的东西很少。大部分员工所收获的只有当时的触动，然后就没有然后了，工作也不会发生改变。

第三个层级是黄酒级（7°～8°）。经历被提炼之后就是经验，经验好比黄酒。教练会告诉员工，这件事能成功是因为他做对了哪几件事，为了做对这几件事，需要拥有哪几种能力或者资源。经验就像是黄酒，是值得员工坐下来一小口一小口品的，它的酒精浓度比啤酒要高。

第四个层级是红酒级（15°）。教练传授给员工的是比经验更加浓缩的知识，也就是方法论。教练除了会总结出重要的原因，还会把原因铺陈在时间轴上变为步骤。比如，我们能够做成功大概有哪几个重要的原因，关键步骤有哪些，员工按照顺序来做，基本上会得到同样的结果。同时，教练还会传授员工需要的工具，比如绩效考核表等。

方法论包含步骤和工具。有了步骤和工具，这件事情就直接可操作了。这意味着员工找到了经理成功路径上的每一个脚印。

第五个层级是白酒级（38°～60°）。酵母菌把糖分转化为乙醇，是酿造发酵酒的关键，一旦酒精浓度高过16°，就足以杀死酵母菌，所以发酵酒最高就到16°。那怎么会有45°的白酒呢？高度白酒是用蒸馏等方法提纯出来的。理论是高浓度的知识，公司内部通常是提炼不出来的，只有专业人士才能抽象出理论，就像高度白酒，必须经过特殊方法提纯才可以获得。

为什么这么说？公司自己总结方法论的时候，因为身处的环境不够复杂，经历的各种情况不够多，样本数太少，很容易忽视方法论成立的条件和边界。条件就是在什么情况下它成立，边界就是超出什么范围它不成立。真正的专家能在更大的案例库（样本数）中总结出条件和边界，提炼出真正高浓度的知识，也就是理论。

传授的知识浓度越高，员工学到的东西就越多，当然员工的耐受度要高，他得能喝"红酒"或"白酒"，也就是他能听得懂方法论或理论。所以对不同耐受度的员工，要传授他不同层级的知识。

很多人传授的知识含量低，这是因为他不懂自己"懂"的东西。很多经理没有好好提炼自己当初做优秀员工时的能力和经历，所以他教不会别人，也就不能成为一个好师傅、好教练。

提炼三部曲

那怎么才能让员工懂自己"懂"的东西呢？

有三个步骤，我称之为"提炼三部曲"，即经历经验化、经验方法化和方法理论化（见图3-5）。

经历经验化

经理给员工讲自己的经历，就是把整件事情不加筛选、不加解释、不加删除地讲一遍，中间有很多是情绪，甚至有些是添砖加瓦。所以听完经历之后，员工往往只有一种感觉——经理好厉害。个别员工孺子可教，听完经理的经历后能举一反三，提炼出好东西，但大部分员工是没有能力去提炼的，这就需要经理学会怎样去教别人。

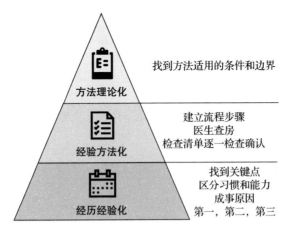

图 3-5　提炼三部曲

经理要告诉员工，他把这件事做成，主要是这么几个原因：第一是什么，第二是什么，第三是什么。这就是把经历经验化。这样，员工就会知道，原来做好这件事本质上就是做好这三点。

经历经验化，核心是找到关键点。

有一次我和一位出租车司机聊天，他说自己跟很多人学到了很多东西，比如有个大厨告诉他怎么做酸辣汤。大厨说，关键是最后那把白胡椒面。他恍然大悟，回去一试，果然如此。这表明这是位真正的大厨，他找到了问题的关键点。

特别要提醒的是，要注意区分习惯和能力。比如，你辅导别人写一篇公众号文章，你告诉他，这个地方用这个词比较好，其实未必，这只是你的个人习惯。再比如，穿西装见客户以表示尊重，这属于沟通的能力，但如果你说见客户一定要穿黑皮鞋，不能穿白皮鞋，这时候你是把自己的习惯当成了成功所需的能力。

区分习惯和能力，是经理把经历经验化时要注意的问题。

经验方法化

要把经验提炼成方法，关键是建立流程步骤。比如，医生在查房的时候会拿着一个本子，本子上有第一、第二、第三等事项。这叫检查清单（check list），这说明医生已经把查房这件事变成流程步骤，形成一个方法论了。管理食堂的食品安全，也可以设计流程步骤，比如每天早上检查记录表、验货表、面点领用登记表、餐具消毒表、农残检测表、餐前检查表、留样记录表、食品检验安全证书等。

再来看销售这件事要怎么教。你不能对员工说，要多跟客户聊天、多用心。因为多跟客户聊天、多用心这种事是教不会的，它们其实是"心法"，你必须把它们变成"剑法"，"剑法"包含具体的招式。"心法"是靠自己领悟的，招式才可以通过学习获得。那你怎么把多跟客户聊天、多用心变成"剑法"呢？

有一个销售方法论，它把销售工作拆分成了九步。第一步是你一定要跟客户的采购决策者和技术决策者建立联系。这意味着你要知道他们的名字，有他们的手机号码，加过他们的微信，做到了这些，你可以认为销售这件事你已经完成了20%。第二步是给客户讲PPT，介绍公司的产品或方案。如果讲过了，那太好了，销售这件事你已经完成了40%……每一步都是具体、可操作的。

很多人认为，销售工作是无法流程化的。当然不是。你只是没有认真提炼过。没有经过总结和提炼的成功，就是玄学。有了步骤，就意味着我们把销售这件看上去挺神秘的事情也方法化了，大家的经验被提炼成了方法。

方法理论化

方法理论化这件事主要由专家来做，核心是找到方法适用的条件和边界。任何理论都有其适用的条件和边界，即便是牛顿三大定律这么厉害的理论，到了微观领域也要失效。

我常说，世界上所有的方法论都是有毒的。为什么？同一个方法论在这种情况下特别有效，就一定会在某些情况下完全失效，因为条件和边界变了。

先说条件。

比如，一家公司用提成制来激励员工，你的销售额有多少，我就分给你百分之几的提成。帮公司卖得越多，自己挣得就越多，大家都跟打了鸡血一样拼命卖货，公司业绩蹭蹭上涨。于是，这家公司的创始人就到处分享，公司就应该采用提成制，简单粗暴，但最有效。真的是这样吗？

他说提成制最有效，这是适用于他们公司的方法，是有条件的。产品销售的难度通常和销量成正比，也就是说，卖得越多，就会越难卖。在这个条件下，提成制是对的。但如果在你的公司里不是这样，用户第一年买了之后，第二年、第三年、第四年就自动续费了，后面几年的销售难度大大减小，这个时候你还按照同样的比例给销售提成，这其实就很不合理。因为后面几年，销售基本上没有付出太大的努力。所以，销售难度和销量成正比，这是提成制使用的条件。

除了条件，还要注意边界。

提成制特别有效，那有没有失效的时候呢？在北京、上海，提成制非常有效，可是到了成都、武汉、乌鲁木齐等城市后，你发现提成制开始失效了。公司里优秀的人都往北京、上海跑，你让他们去成都、武汉、乌鲁木齐，他们坚决不去。为什么？因为付出同样多的努力，在成都、武汉、乌鲁木齐的销售业绩一定不如在北京、上海高。这个时候，提成制根本就调动不了员工的积极性。这就是超出了提成制的边界。那这个时候应该怎么办呢？你可以针对每个城市设置合理的销售目标，让员工根据目标去拿奖金，而不是根据销售额去拿提成。

所有的经验、方法论都是有条件和边界的。很多创业者会因为自己遇到过的事情不够多，想不到这些条件和边界，也就无法将经验和方法论提纯成理论。这个时候，就需要具备商业系统知识的专业人士来帮他做提纯，找到条件和边界，将经验和方法论提纯为理论。比如著名的管理学大师彼得·德鲁克，其实他一辈子都没有直接管理过大型公司，但是很多著名的企业家，如通用电气的 CEO 杰克·韦尔奇，都尊称德鲁克为老师，为什么？因为德鲁克熟知所有的管理学知识，他能找到条件和边界，将经验和方法论变成理论。

增加了条件和边界，专家会把你的方法论放到一个更大的模型里面。比如，前面讲的销售。

下面来看两个将经验和方法论变成理论的例子。

门店怎么才能赚到钱？核心是"坪效＞租金"。这叫方法理论化，因为不管是对咖啡馆、火锅店还是小龙虾店，它都适用。对于互联网公司，核心是"人效＞工资"，因为人是它的核心成本。公式思维是方法理论化的一个重要工具。

小
结

传授的本质，是把自己的能力复制给别人。我们把教练的传授分为五级：白水级、啤酒级、黄酒级、红酒级和白酒级。

那教练怎样传授才能让员工懂自己"懂"的东西呢？有三个步骤：先将经历经验化，再将经验方法化，最后在专家的帮助下实现方法理论化。

教练要注意一点，不要把自己的习惯当成能力传授给别人。这就相当于不能把啤酒里的糖当成酒精，真正有价值的是酒精而不是糖。

学员案例与感悟

晏娜　我其实一直都明白一个道理，她们知道的信息、听过的案例都不如我多，有时候她们看不懂、不重视、不理解我的安排，其实是很正常的。但是我的内心往往还是会感到很悲哀，产生她们跟我没办法沟通的沮丧念头，这时我很容易不耐烦，说话伤人。现在我知道了，这是我自己的无能之错。她们犯的错是无知之错，是不知道；而我是知道，但是能力不足，没办法准确地把经验和方法传授给她们。

鸣人　周记、分享、复盘，经历、经验、方法、理论，这些概念是层层递进的，构成了把事情做得更漂亮的过程。很多事情，我们只要多做一步，就能得到很大的成长。既然已经写了周记，为什么不总结经验，去做一场分享？既然知道有做得不足的地方，为何不去复盘，总结出方法，下次把它做得更好？

任洋　经理的亲身经历毕竟是有限的，他不可能对每件事都足够熟悉，都能提炼出经验和方法。团队能力的提升还是得靠团队成员之间互相学习，经理得让他们都学会怎么去教别人，这样团队就会不断拥有更多的方法，自然就更强大了。

小光　即使是咨询公司的老板、合伙人，每年也是要写报告的，这是基本功，不能废。同理，销售总监也是要拜访客户的，技术总监也是要写代码的。如果领导只会坐而论道，就没办法对员工进行指导了，下属是不会服你的。很多领导，只有一个虚无缥缈的想法，只交代下属一些"方向性的高论"，全然不思考做成这件事的可行性方法。如果事情办砸了，他们只会责备下属。把任务拆解清楚，用合理的方式帮助员工理解任务的意义以及实现任务的方式，是领导者最基本的责任。

培训：突破团队的能力天花板

你听了《5分钟商学院》课程，忍不住感慨：哇，这么好，太有价值了！你想要把它推荐给朋友，但转念一想：我的员工也要学，得提高他们的水平啊！于是，你就自己出钱买了《5分钟商学院》课程，送给每一个员工。

过了一段时间你问他们，学得怎么样啊？得到的反馈都差不多：经理，我很忙，还没怎么学。你一听非常生气：我也很忙啊，我不也在学习吗？

过了一段时间你又问他们好好听了吗，发现他们还是没有好好听。你更生气了：我送给他们，他们都不好好学，这些人怎么这样啊，还有一点学习精神吗？真是没救了。算了算了，学习是他们自己的事情，以后我再也不管员工培训的事了。

请问，出现这种问题，是谁的错？是员工的错吗？

你可能会说，成长是每个人自己的事情，员工不好好参加培训，当然是员工的错。遇到扶不起的阿斗，经理不必硬扶。

这样想对吗？这样做对吗？我们来聊聊这个事儿。

突破团队的能力天花板

有些能力可以通过传授获得，还有些能力则很难准确提炼并传授，比如基于价值的销售、股权分配之道、搭建考核体系，以及谈判技巧和演讲能力，这些不是经理根据自己的经验就能总结出来的。

有些知识可以通过"干中学"总结出来，还有些知识则是从实践中总结不出来的，比如"4P 理论""交易成本""三级价格歧视"，这些术语一听就不是经理自己能总结出来的。

"干中学"和传授，虽然可以显著提升团队的能力，但是很难使团队的能力水平超越团队现有的最高水平。比如，大家都跟经理学销售，那经理的水平就是团队最高的销售水平。这个"团队现有的最高水平"，就是团队的能力天花板。

一旦有能力天花板，团队的业绩就会有瓶颈；一旦业绩有瓶颈，公司就没法持续壮大，而你作为经理，地位就有危险。你说，员工不喜欢培训，是谁的错？团队有能力天花板，是谁的错？

当然是你这个经理的错！从个体利益最大化的角度出发，谁的损失最大，就是谁的错。

那怎么办？

作为一个新任经理，你必须正确理解培训，以及正确地管理培训。

正确理解培训

什么是培训？

培训，就是从团队外部获得不可能内生，或者内生速度太慢的知识、技能或态度，从而突破团队的能力天花板。听上去培训很重要，但是确实有很多公司不喜欢培训，也有很多员工不乐意接受培训。

为什么？

因为对于培训，人们有两种理解：站在公司的角度，叫培训，是要花钱的；站在员工的角度，叫学习，是违背人性的，大家都不喜欢。公司的想法是：指不定明天公司就倒闭了，哪来闲钱搞培训啊？员工的想法是：参加什么培训啊？我每天都忙成这样了，如果不减工作量，还在工作时间搞培训，那晚上我得加班；如果周末要参加培训，那我连私生活都没了。

大家都不喜欢培训，但培训能让团队获得无法内生的知识、技能或态度，能提升团队明天的业绩。明天的业绩有"滞后效应"，具体来说，长期个人受益，中期公司受益，短期无人受益。所以很多人不喜欢培训。

那怎么办？作为一个优秀的经理，为中长期的发展考虑，你要学习国民教育的理念。接受教育既是公民的权利，也是公民的义务；同理，接受培训既是员工的权利，也是员工的义务。

我在微软时，公司给我们定的考核指标中有一项很重要，就是每年要参加不少于多少小时的培训。如果这个指标任务没完成，年终考核就不达标。这样做的理论依据是平衡计分卡模型。这个理论强调，管理者不但要看员工的后置的财务指标，还要重点关注员工的前置的学习成长指标。

正确管理培训

关于如何正确管理培训，新任经理要做好三件事：正确认识培训的价值、善用资源，以及建立自律 + 他律的学习型团队（见图 3-6）。

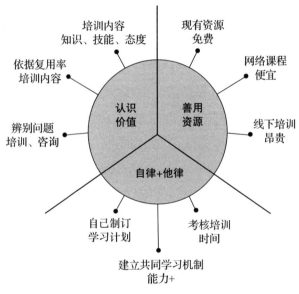

图 3-6　正确管理培训

正确认识培训的价值

要正确认识培训的价值，首先要明确培训内容可以分为三类：知识、技能和态度。

知识培训是指讲解"概率论""4P 理论"等理论，它们对完整地认识和分析事物很有帮助。技能培训是指培训演讲技能、谈判技能等技巧和能力，技能培训需要大量地训练。态度培训是指塑造正确的价值观，说明如何做正确的事、如何协作、如何利他等，比如十几年前我接受的培训——学习《高效能人士的七个习惯》。

很多人说培训往往不能真正落地，没用。什么叫"能真正落地"？所谓能真正落地，就是指培训能见到效果。技能培训通常被认为是最容易落地的，知识培训是中期见效果，态度培训是长期见效果。这三个方面，大家都要重视。

我在《底层逻辑 2》中分析过一个问题：对一个人来说，是能力更可塑，还是态度更可塑？当然是能力。人与人之间，当下的能力水平也许是有差别的，但是能力天花板的差异却不大。而且，大部分人离自己的能力天花板通常还很远。从这个角度来说，一个人只要态度好，能力就是可塑的。但是态度就不一样了，决定一个人态度的价值观、德行等是由过去的人生经历塑造的，一旦形成闭环，往往难以改变。除非遇到重大的人生变故，撞了南墙，被社会毒打了，否则大部分人都会一直固守自己的信仰、价值观和思维习惯。与能力相比，态度的可塑性较差。如果领导或经理本人非常注重培训效果，那么，能力培训的比重可以增加。

其次，要根据复用率决定培训内容。

　　很多公司不愿意培训，是因为好不容易培训完员工，能
力提高了，他们却走了，不如不培训。这涉及"复用率"，
复用率跟员工的稳定性有很大关系，员工越稳定，他参加培
训之后留在公司的时间越长，给公司带来的价值就越大。如
果你觉得这个员工待不长，可以培训他的技能；如果你觉得
这个员工待的时间会比较长，可以培训他的知识；如果他待
的时间会很长很长，你可以培训他的态度。

　　最后，要分清楚哪些问题需要通过培训解决，哪些问题
需要通过咨询解决。

　　这要求我们正确认识培训和咨询的差别（见图 3-7）。
培训的内容是那些容易习得、高频使用的技能或知识，比如
销售技巧，学习难度不高，天天都会用到。那些很难习得、
低频使用的技能适合通过咨询获得，比如战略制定，这种能
力很难培养，同时一年就用一两次，那不如请外部顾问或咨
询公司。至于那些容易习得、低频使用的知识或技能，比如
保洁和保安的工作，则适合外包，找专业公司来搞定。很难
习得、高频使用的知识或技能，比如资本运作，适合让猎头
帮忙找到专业人才加盟公司。

　　从共性和个性的角度来看，培训课程通常有一定的通用
性和复制性，适用于大多数企业或个人的共性问题或需求；
咨询有较强的针对性和个性化，根据不同企业、不同部门的
规模、模式、文化、阶段、环境等因素，提供定制化服务。

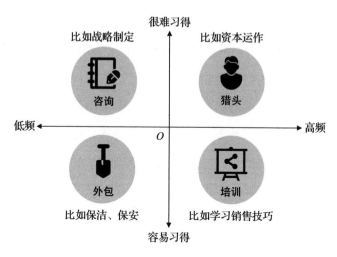

图 3-7　正确认识培训与咨询的差别

善用资源

作为经理，你无法改变公司的培训体系，但是可以在权力范围之内善用资源。

第一种，充分利用大量的免费资源。我比较推荐的是 TED 演讲，以及美国 Coursera 平台上的内容。现在 B 站上也有大量免费的高质量内容可以学习。

第二种，充分利用需要付费但其实很便宜的网络课程资源。比如我在线下讲课收费是较高的，但我在得到 APP 上的网课《5 分钟商学院》只要 249 元，这是因为互联网的用户规模巨大，大家均摊成本，就把贵的内容变便宜了。用户付的钱可以少很多，但我的收入并没有减少。

　　这里我给经理一个建议，千万不要直接买课送给员工。我们公司的政策是，员工在得到 APP 上自己买课程学习，公司报销一半。报销时，需要提供学完课程的电子版证书。因为只有自己花了钱，人们才会学得更认真。你也可以据此观察哪些员工更热爱学习、更值得培养。

　　第三种，充分利用传统的线下培训资源。线下培训通常收费很高，因为它完整地占用了讲师的时间，那怎么办呢？

　　首先，经理要用好公司现有的培训资源。如果正在推进的项目与公司的培训时间冲突，那么经理不能短视，要抽出时间让员工参加培训，因为线下培训很贵，一旦错过可能就没机会了。

　　其次，经理要发掘公司潜在的培训资源，邀请公司里的财务专家、项目高手等内部人才为自己的团队讲课。

　　最后，经理要把部分奖金换为培训资源，比如拿出部分奖金派人去听讲师的线下大课，回来之后跟大家分享。

建立自律 + 他律的学习型团队

　　一部分积极上进的员工，会自己制订学习计划，这就是典型的自律。

　　但不是每个人都爱学习，所以经理需要引导员工学习，或者说建立他律机制，这也体现了接受培训作为员工义务的一面。

怎么实现他律呢？可以鼓励共同学习。

有一位一直在学习《5分钟商学院》的创业者，把公司做到了30亿元的营收规模。他让公司的几十个高管都买了这门课，并建了微信群，鼓励大家共同学习，每天学一课。作为老板，他每天带头发500字以上的学习笔记，引导学习、互相带动。这就是一种不错的他律形式。

小结　新任经理往往都希望充分利用员工的时间，尽快创造价值，但是我们要思考一个问题：我们是想用员工的时间赚钱，还是想让员工的时间更值钱？这中间需要一个平衡。让员工的时间更值钱的一个好办法就是培训。

什么是培训？培训就是从团队外获得不可能内生，或者内生速度太慢的知识、技能或态度。培训是突破团队的能力天花板的工具。

那该怎么做呢？第一，要正确认识培训的价值；第二，要善用资源；第三，要建立自律 + 他律的学习型团队。

一个人的成长模式是，70% 来自工作学习（"干中学"），20% 来自与他人的互相学习（传授），10% 来自正式学习（培训），如图 3-8 所示。经理不断使用这三种方法，员工能力大概率就能提升，团队能力也会因此提升。

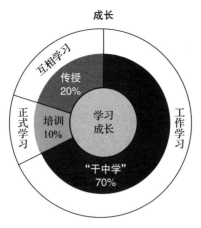

图 3-8 成长模式

学员案例与感悟

张康 请外部专家做正式培训，往往都是为了解当前公司存在的最大问题。比如，如果大部分员工都是来公司 1～2 年的或者 5 年以上的，2～5 年的很少，公司留不住人，那么正式培训就和团队管理、团队激励甚至组织结构有关；如果公司内部总是沟通不畅，隔段时间就有不同部门的人大声互怼，那么正式培训就和情绪控制、沟通力有关。

哪怕无法取得公司支持去请外部专家给我们部门做正式培训，我也会试着邀请同行大咖抽时间来给我们讲讲。特别是那些当前咖位还不是很高，但会在网上持续更新专栏的人，他们应邀来培训，既锻炼了自己的演讲水平，也提升了知名度和美誉度。对我们来说，也能够通过对方的培训，对自己的知识体系进行查漏补缺。

航哥很帅 最近我们公司组织了专门针对基层经理的培训，一开始我不太愿意参加，因为我已经在线学习了一些优秀的网络课程，觉得再去培训也学不到什么新东西。但去了之后我才发现自己的想法是多么愚蠢，培训课程非常充实，老师的讲课水平很高，而且有现场的案例教学，小组成员可以一起讨论解决办法，这和在手机上听音频、看文字完全是两种不同的体验。最关键的是，我深度参与了培训，不仅做到了课后总结和复盘，而且积极完成了老师留下的作业，对自己的团队做了深入的分析，可以说是受益匪浅。

我在此想说的是，如果真的有机会参加由公司聘请的专业机构开展的培训，一定要把握住。不仅要参加培训，而且要深度参与培训，最关键的是培训完一定要复习、总结，并积极使用学到的理念和方法，这样一定会让自己收获满满。

任洋 我们团队的硬技能经过不断培训，有了较大提升，但软技能这方面还存在比较大的短板，尤其是沟通、理解、表达等方面。如果与硬技能相匹配的软技能得不到提升，那么方案的执行和落地仍然会存较大的障碍。

调岗：不要把铁杵磨成针

有个员工在公司销售部做客户经理，你发现他总是和客户沟通困难，客户不信任他。我们经常说，买东西这件事其实看的是人，对人的信任感是非常重要的。但任凭你怎么培养，始终看不到这个员工在客户沟通方面的进步，年终的业绩也不行，怎么办？

是继续培养吗？可是"干中学"、传授和培训都试过了，他都没有明显的提升。

去除 C 类员工

按照员工的业绩表现，公司的人才可以依次分为 A、B、C 三类，他们都需要经理大力培养吗？其实经理不需要培养每一个员工。因为经理真正的任务是提高团队的总体能力水平，而不是提高每一个员工的能力水平。

这两者之间有什么差别？团队的总体能力不等于现有个体能力的总和，因为团队是无法换的，但个体却是有办法换的，你可以重新调配。如果有的员工不行，你可以通过替换掉他来提高团队的总体能力水平。还有一种调配方法是，如果有员工的位置不对，你可以给他换个位置，通过调岗来实现团队布局的改善，在每个人的能力水平不变的前提下，团队的总体能力水平也能得到提高。

我们来看一个案例。阿里每年都要做一次人才盘点，对人才进行分类。它跟通用电气学会了这套"271"逻辑：20%的A类人才、70%的B类人才和10%的C类人才。

这在任何公司都是客观存在的一个规律。20%的人是非常优秀的，他们不需要激励，或者被激励得很好了；他们的能力也很强，你告诉他们要做某件事，他们自己就能完成了。70%的人是中间水平。还有10%的人，你给他们同样的任务和激励，他们的业绩始终是很差的。

人才分类之后，要遵循一个基本的规律：重用A类员工，培养B类员工，去除C类员工（见图3-9）。"干中学"、传授和培训，这三件事其实都是在培养B类员工。B类员工是可以培养的，不要把精力花在把C类员工变成B类员工上，但可以把精力花在把B类员工变成A类员工上。

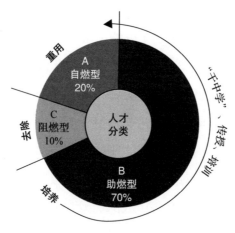

图3-9　人才的分类及培养

那么，如何去除 C 类员工呢？调岗或者替换。这一节我们先来讲调岗的逻辑和方法。

用对人重于培养人

关于用对人，经理要认识到以下三件事（见图 3-10）。

图 3-10 用对人须认识到三件事

要认识到人与人天生是不同的

这种不同不是体现在程度上，而是体现在维度上。一件事你能做到 8 分，我能做到 7 分，这是程度上的差异，有优劣之分。而维度上的差异则没有优劣之分，比如我长得高，擅长打篮球；你爆发力强，适合短跑；他耐力强，适合长跑。

那怎么去识别人与人的不同呢？梁宁老师说过，一个人的痛苦所在往往也是他的天赋所在，因为他对卓越的执着让他不满足于一个差的结果。"两句三年得，一吟双泪流""吟安一个字，捻断数茎须"，擅长写诗、热爱写诗的人才会有这种痛苦。同样，一个人的乐趣所在也反映了他的天赋所在，因为他享受做这件事的过程，容易进入全神贯注的心流状态。像那些大学者、大作家、大科学家，他们往往活到老、工作到老，因为他们舍不得割舍这份快乐。经理观察员工平时的苦与乐，可以大体看出他们的不同。

学术界开发了一些用于识人的工具。比如 MBTI，是用来分析性格的工具。我在 2005 年接受过 MBTI 测评，我的测试结果是 ESTJ，解读是比较适合做总经理。果然，我今天创业了。

你可以把这理解为是基于大数据的科学式"算命"。如果你真想测评，建议去正规机构。网上的一些免费测评，可能会专挑好听的说，不然，你就不会转发和分享了。

除了 MBTI，还有一种工具叫 DISC，也是测试人的性格特征的工具。得到 APP 上也有专门讲职业测评的课，这些都是在分析人与人之间的不同。

要认识到人与岗位可能是错配的

为什么会这样？因为面试者会尽量展现出自己与这个岗位是很匹配的，而你又着急招人，就把他招进来了。要记住，在你很着急招人，而面试者又有很强烈的渴望得到这个职位时，你们彼此间认为的匹配度很有可能是被高估的，甚至很有可能出现错配。

这种错配可能源于招聘过程中你未必意识到的问题。

　　比如，招聘时，可能因为首因效应、光环效应、近因效应，你对候选人做出错误的评估，招进来面试技巧 100 分、实际能力 50 分的"面霸"：靠自己的主观感觉，而不是按照岗位说明书中的任职要求，招进来一些感觉不错，实际不能胜任岗位的员工；靠领导拍脑袋，而不是依靠严谨的面试流程，招进来领导喜欢，但是团队里不需要的员工；听从貌似阅人无数的领导的意见，而不是受过训练的面试官的意见，没有考查一些非常关键的技能。

　　另外，即便大幅改进了招聘流程，人岗不匹配依然可能存在。几小时的面试判断，相比于几个月的试用评估，还是太仓促了。经理可以尝试对员工进行调岗，以此确定他们适合做什么。要允许员工在公司内部自由"迁徙"，以减小他们去外部寻求机会的动力。对很多人来说，他们今天正在从事的职业，可能源自一个又一个冒失的偶然，并不是他们最擅长的，更不一定是他们最想要的。

要认识到用对人比培养人更重要

　　培养人是提高员工的能力（程度轴），用对人则是用对员工的能力（维度轴），比如沟通能力和决策能力就属于不同的维度。维度错了，程度再对，意义也不大，所以用对人比培养人更重要。

　　管理学大师德鲁克有一个理念，管理者的任务不是去改变人，而是知人善用，清醒地认识到每个人都是不同的，把合适的人放在合适的位置上。

卫哲原本是百安居的中国区总裁，2006 年被邀请担任阿里 B2B 业务的总裁。尽管公司赋予了他极大的权力，包括财务审批权等，但唯独没有给他招聘权。卫哲觉得很不服气，说自己过去管理过 3 万人，也招聘过好多人，为什么在阿里招个人都不行？彭蕾向他解释说，那是因为他还不知道阿里要招什么样的人。

招人的匹配度非常重要，如果卫哲没有老阿里人那种"闻味道"的能力，那么他招的人可能会不匹配。所以，卫哲需要先观察阿里的总裁、副总裁是怎么招人的，回答阿里招人与自己过去的经验有哪些地方一样，哪些地方不一样，答对了才有权力去招人。

一个新来的总裁之所以没有招聘权，是因为用对人比培养人更重要。如果管理者都不知道自己公司的企业文化，是很难用对人的。

我们讲了三件事，经理要认识到人与人是不同的，人与岗位可能是错配的，用对人比培养人更重要。所以核心逻辑是，千万不要把铁杵磨成针，而是要把铁杵变成狼牙棒。铁杵和针是维度的不同，铁杵有巨大的质量，是用它的势能来解决问题的，而针有极细的针尖，能够形成极高的压强来获得杀伤力。非要把铁杵磨成针，听上去很感人，实际上很伤人。

能力胜任度模型

那么，具体该怎么用对人呢？这里我给大家介绍一个工具——"能力胜任度模型"，也可称之为"技能字典"。"能力胜任度模型"，描述了从事某种工作所必须具备能力的胜任度特征总和。

我们要知道每个岗位需要的能力是不一样的，比如有的岗位需要特别强的沟通能力，有的岗位需要做计划的能力，还有的岗位需要取得信任的能力，比如销售。

正因为如此，"能力胜任度模型"的第一个要点就是把每个岗位抽象为若干种能力，第二个要点是把能力细化为四个级别，并具体描述每个级别要做到的程度（见图 3-11）。

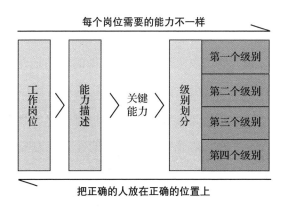

图 3-11　能力胜任度模型

回到本节一开始的案例，做销售关键是要取得客户的信任，以客户为本。但是，到底什么是"以客户为本"？我们以这项能力为例，来讲一讲如何运用能力胜任度模型来分析一个员工是否真的适合做销售这件事。

第一个级别是"承担个人责任"：积极回应客户的需求与咨询，能够迅速解决问题，表现得有责任感。

第二个级别是"满足潜在需求"：了解客户的现实与潜在需求，并提供与之相应的产品与服务。

第三个级别是"增加附加值"：付出坚实的努力，为客户提供附加价值。这包括以长远的眼光解决客户问题，能够预见客户需求，并能提前做出调整以应对客户满意度和客户需求的变化。

第四个级别是"做客户的同伴"：主动参与客户的决策过程；为了客户的最佳利益，调整组织行为；为客户提供专业的建议。

通过对照"能力胜任度模型"提供的能力描述和级别划分，你弄清楚了，原来你手下的员工还不具备巨大的同理心，他建立信任的能力是偏弱的。但同理心这种核心能力短时间内培养不起来，怎么办？还有别的什么能力吗？

分析能力很有用，也分为四个级别。

第一个级别是"发现根本联系"：迅速意识到现状与过去形势间的相似之处，找出直接的因果关系，得出可能的解决方案，由此做出简单的分析判断。

第二个级别是"发现多元联系"：透过问题的表面现象，

发现问题的根源与发展趋势。分析问题各部分之间的联系，拟定可能的解决方案。对于由多个因素决定的问题，能给出正确答案。

第三个级别是"分析多维度问题"：分析产生问题的多方面原因，必要时搜集一定时期的信息，综合分析。

第四个级别是"分析不明确的问题"：分析涉及多方面关系的复杂问题。必要时采取非正常途径搜集必要信息。将多样的信息数据综合在一起以便有一个解决问题的框架。

对照分析能力的四个级别，你发现这个员工的分析能力特别强，能达到第四个级别。由此可知，这是一个建立信任能力比较弱，但是分析能力超强的人。如果继续培养他建立信任的能力，也是可以的，但可能要花 5 年、10 年。这时你就应该把他从客户经理转为定价策略分析师，这样公司的产品定价可能会更加有效。

这就是用能力胜任度模型来解决调岗的问题。只有分析了每个岗位需要的能力和每个人具备的能力之后，才能做到把正确的人放在正确的位置上。完成调岗之后，我们并不需要改变每个人的能力，但团队的总体能力却已经提升了。

市面上有各种"能力胜任度模型"，可以选择合适的来使用。

小结
员工的表现可以分为 A、B、C 三类，我们应该重用 A 类员工，培养 B 类员工，去除 C 类员工。不要把精力花在把 C 类员工变成 B 类员工上，而要把精力花在把 B 类员工变成 A 类员工上。

怎么去除 C 类员工呢？有两种办法，一是调岗，二是替换。本节我们讲的是调岗。

调岗要认识到三件事：人与人是不同的，人与岗位的匹配可能是错位的，用对人比培养人更重要。

具体怎么用对人呢？我给大家介绍了一个不错的工具，叫"能力胜任度模型"。再结合之前的内容，经理用人所长，把员工放在对的位置之后，不能让他一直待在舒适区，而要让他接触不同的任务，也就是让他待在"学习区"，以获得成长。

学员案例与感悟

陈小旭　我刚做组长时，由于不清楚大家的"底细"，重要的事不敢让他们做，以至于刚开始时自己每天都很忙。相处了一段时间后我发现，他们有的人做事细腻、富有责任心；有的人头脑灵敏，擅长搞设计；还有的人动手能力强，做表格一流。于是，我把相应的工作任务分发给了不同的员工，效果显著，我只要做好检查、把好关便可以。

航哥很帅 面试一个人时，我们一般只能去判断他的业务能力，这时候STAR（S，情景；T，想法；A，行为；R，结果）追问法就有用武之地了。如果你想了解某个人的能力，就要问他一个曾经解决过的具体问题，然后问清楚情景，问他当时是怎么想的，采取了什么行动，最后是什么样的结果。如果他都能很好地答出来，就证明他确实具备这方面的能力。

从贰开始 我们行政部门有一个人事助理，专门管一些杂七杂八的事情，比如办理社保、职业注册对接。她做得很用心，但是每到关键时刻，总是掉链子、出问题。于是我私下找其聊天，沟通后得知，她就是因为天天做一样的事情而感到焦虑，进而造成不好的结果。我和她沟通之后，把她调去做销售，两个月后，她的业绩排名部门前三（一共12名销售人员参加排名）。所以当员工持续提交不合格的成绩时，我们要反思一下，是人的能力有问题，还是人与岗位不匹配，可能岗位一变，产出的价值就能翻倍。

替换：你是愿意教一只火鸡爬树，还是换一只松鼠

提高员工个人能力有三种方法，"干中学"、传授和培

训；提高团队能力有两种方法，调岗和替换。这一节我们来讲替换。

我经常会被问到一个问题："润总，有个员工我对他特别不满意，什么都干不好，老是犯错。但是如果真的换掉他，就没人可用，其他人还不如他。工作量又这么大，若是换掉他，这个项目就会受到很大的影响，你说我该怎么办？"

通常遇到这个问题，我都不会正面回答。为什么？因为解决这个问题的最好时间不是现在，而是在3个月前、半年前，甚至1年前。现在能用的办法，都不是好办法。这是答案发生在问题之前的典型场景。

选择权

会问出上述问题，本质上是因为手上没有选择权。但凡手上有选择权，你就不会问出这个问题。

假如此时你手头有一个能力合格并且非常认真、负责、积极的备选人才，你会问这个问题吗？如果还不止一个，有好几个人都抢着来做，你会问这个问题吗？

你不会。你会立刻就把不合格的员工换掉。

同样，有公众号粉丝会来问我："我在一家公司上班，这家公司我觉得特别不好，哪方面都不行，可是出去之后我又担心找不到更好的工作，你说我是留在这里呢？还是离开呢?"他问出这个问题,也是因为没有选择权。

所以,不管是老板还是员工,面临的问题的本质都是:在我没有选择权的情况下,如何做选择。这本身就是个悖论。

什么是选择权?

当团队绩效不够好的时候,你可以替换掉业绩最差的员工,换一个能力高于团队平均水平的人,从而使得团队迭代进步。这就叫你有选择权。

有很多朴素的管理谚语讲"替换"这件事。比如,你是愿意教一只火鸡爬树,还是换一只松鼠?再比如,扶烂泥上墙,还不如找块砖头来得快。还有很多老板经常讲的一句话:不换思想就换人。

经理需要了解关于员工流失率的基本常识,这样有助于克服替换最差员工的心理障碍。首先,团队不是越稳定越好,合理的员工流失率不是坏事,比如10%,"流水不腐,户枢不蠹";其次,流失率有好坏之分,20%的优秀员工离职率,是坏流失率;10%的末位员工离职率,是好流失率。

经理的"成人礼"

替换这件事很难。

替换,就是请走一个老员工,请来一个新员工。

这两步都很难,老员工很难请走,新员工也很难请来。

当然，更难的是请走老员工，因为有很多阻碍因素，包括业绩因素和感情因素。替换掉曾经并肩作战的老员工，是一件非常困难的事情。所以很多人宁愿选择妥协，或者将就。

这本质上是管理者的懒惰，是不成熟的表现。

所以，亲手解雇一名不合格的员工，是经理的"成人礼"。

解雇"三要"

怎么亲手解雇不合格的员工呢？

教你三件事，这三件事好比是孙悟空的三根救命毫毛（见图 3-12）。

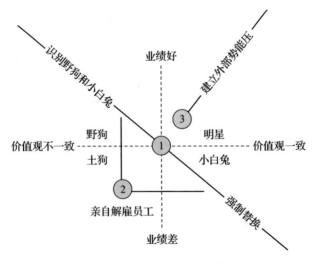

图 3-12 解雇"三要"

要识别野狗和小白兔

经理不能随便解雇人,要解雇的是属于最后 10% 的人。那怎么去识别这 10% 呢?阿里有个方法论,用价值观和业绩对员工进行分类,形成了明星、野狗、土狗和小白兔这四个象限。

明星:价值观与阿里一致,业绩好——坚决留住,避免流失。

野狗:价值观不一致,业绩好——尽量改变价值观。

土狗:价值观不一致,业绩差——坚决不让进入团队。

小白兔:价值观一致,业绩差——替换掉小白兔。

在阿里,价值观无法改变的野狗和业绩持续很差的小白兔,都是要清除的。

业绩差要清除好理解,价值观有问题为什么是很严重的事?因为少量的"污水型"员工,可以传染整个公司。污水和酒的比例并不能决定这桶东西的性质,真正起决定性作用的是那一勺污水,只要有它,酒的比例再高,整桶也是污水。

管理者应当给企业安装一个净水器,过滤负能量的、双面的和玩世不恭的人。一个企业一旦有 15% 的污水型员工,这个企业就非常危险了。如果没有办法全部清除,污水的比例一定要控制在 10% 以内,并隔离或限制使用,适时地清除 5% 最具负能量的员工。

但困难在于，对于清除野狗，经理是往往舍不得的，因为野狗创造了实打实的业绩，"21 世纪最宝贵的是人才"；对于清除小白兔，经理是不忍心的，因为小白兔价值观没问题，人很善良，大家感情很好。

那怎么办呢？阿里会做人才盘点，连续两年价值观或者能力有问题的，属于最后 10% 的员工，公司规定强制替换，以此避免经理不舍得或不忍心。

要亲自解雇员工

经理不要请人力资源部去解雇员工，自己的员工要自己亲自解雇。因为大家不会记住在公司工作的每一天，但一定会记得离开的那一天，会记得每个细节。这些细节，对他自己、对公司，影响都极其巨大。而且员工也会想，你有勇气欢迎我来，也要有勇气亲自让我离开。除此之外，还有几个原因。

第一个原因，因为这很难。很多经理惧怕和员工面谈解雇的事，但反过来说，正是因为很难，他们才会更慎重地对待解雇。

每个人都有一颗自尊的心，背后甚至有个需要照看的家庭。你深入了解后，可能会觉得下不了狠心。所以，只有亲自面对困难，才会让你慎重做出决定，你得有让自己和员工都能服气的理由和证据，而不是全凭一时的意气。亲自解雇的困难，也提醒你平时就要告诉野狗和小白兔，他们的价值观或者业绩不行，而不是最后才给他一个惊讶。

第二个原因，亲自解雇是要给对方一个泄压的机会。当面谈清楚，让对方把情绪在你面前排解掉，可以降低对团队其他成员的影响。因此这次面谈非常重要，它可以帮管理者多一个朋友，少一个敌人。

当你真的具备了扎实的合情合理合法的解雇员工的理由，并且是按照员工过去知道且认同的规则进行解雇的，那么这个时候他虽然痛苦，但只能心服口服，甚至会叹一口气，觉得没什么好争辩的。他所有可能的怨气都会在这次沟通中被释放掉，一旦释放掉之后，他就不会传播负面情绪，影响团队的士气。

一次好的离职面谈，是面向未来，建立两人之间的新关系。另外，人之将走，其言也真，乐于倾听的管理者，能够借助离职面谈了解公司的问题及自己的不足。

第三个原因，亲自解雇是经理必须完成的"成人礼"。当你真的面对对方的恐惧，面对对方的愤怒，面对对方的失望甚至绝望时，能够温柔而坚定地说出解雇对方的决定，给出扎实的理由，并从感情上给对方以慰藉，这说明你已经完成了一场真正的"成人礼"。

马赛人以杀死一头狮子作为成人礼。亲自解雇员工，就是经理"独自杀死一头狮子"，这头狮子是对解雇员工的恐

186 ◀ 关键跃升：新任管理者成事的底层逻辑 ▶

惧，以及对解雇员工的傲慢。所谓傲慢，是认为自己没有扎实的理由，也可以随便解雇员工。所谓温柔而坚定的力量，就是杀死自己心中的那种恐惧和傲慢。这个时候，经理就会明白，什么叫"慈不掌兵"，什么叫"挥泪斩马谡"。

硅谷著名企业家本·霍洛维茨（Ben Horowitz）建议管理者：在员工离职那天，帮他把东西搬上车，让他知道你的感激和心意。

最后再讲一个小问题：是沟通后让员工主动辞职，也就是劝退，还是直接解雇？这是法律问题，也是成本问题，是需要考虑的，但最重要的是必须替换。

要建立外部势能压

作为经理，任何时候都要有意识地培养任意岗位都能够替换的明星员工，任何员工的劝退、离职都不会影响团队的战斗力。这样才有"外部势能压"，也就是有选择权。

谷歌有一个有趣的指数叫"撞车指数"，是指当你们团队中出现几个人因为撞车等交通意外上不了班时，你们团队将无法正常运转。如果撞车指数是1，就是说你们团队中的任何一个人不在，团队就无法正常工作，这就形成了单点，对团队来说风险是很高的。如果撞车指数是3或5，风险就小得多，当然与此同时团队为此付出的成本也很高。

这就是所谓的备胎理论，你有四个轮胎，那你准备几个备胎是比较合适的？准备四个备胎，那自然是最安全的，但成本很高，所以一般大家只会准备一个备胎，并会认为这是不错的选择。

有了备胎，爆胎的时候才不慌，才能保持"外部势能压"。那么，怎么准备备胎呢？有以下几个建议。

一是不管每个职位是否满岗，经理都要跟人力资源部沟通，大量地去看简历，保证能随时招人进来。

二是招聘兼职或实习生，或找外部的人做临时项目，这能让经理接触到外部的优秀人才。

三是对于有资源的公司、团队，甚至可以做"缓冲式招聘"，设置1～2个冗余岗位，相当于打篮球有板凳队员，在场上队员出状况时能立刻上场救急。

这三个办法都是为了给内部员工造成外部势能压，让员工知道经理随时有可能换掉他，这能提升员工的工作动力。

小结　回到最开始的问题，为什么有的人不好用，但又不能不用？因为你没有选择权。

> 作为经理，不但要会招人，还要会解雇人。组织也有自己的生命，也需要吐故纳新。持续淘汰最后10%的人，换来至少高于团队平均水平的人，可以让团队不断迭代进化。

亲自解雇员工，敢于面对他的愤怒，并让他心服口服，这时你才会成为成熟的经理，这是你的"成人礼"。

那么，具体怎么做？经理要用这三件事，保持选择权：①识别野狗和小白兔；②亲自解雇员工；③建立外部势能压。

学员案例与感悟

伯北　真到动手解雇小白兔的时候，我难以下定决心，觉得凑合着也能用。但其实仔细想想，这样处理是在耽误整个团队的时间，并且会影响其他人的工作状态。他每天只做这么点事情，其他人看在眼里，就会想那我也可以摸一摸鱼。

范俊　不要担心找不到替代的人，很有可能会有一个更好的人替代原先这个让你失望的员工。就像之前的一个仓库主管，开年后跟我说要走，我害怕团队因此失去稳定性，便极力挽留。可是新来的仓库主管非常令人满意，自觉、积极、细心、能力强。所以不要害怕换人，团队总要补充一些新鲜血液。

EdenWang　我解决人员备份问题的方法，是让团队中的人两两互为备份，他们的工作可以无缝衔接。同时利用代码审查和修改漏洞的时间，尽量让所有团队成员了解所有的代码。

从贰开始　我刚开始开除人的时候扭扭捏捏，张不了口，没有魄力。反思之后我就会开除人了，怎么开呢？针对野狗型员工，第一次犯错，我会给予警告让他改正，并且告知他如果再犯，后果会很严重。果然，他还是再次犯了错，我就找他谈话，说你第一次犯错时，我被领导责问，但我帮你挡了。你第二次又出这么大的问题，我也无能为力，虽然和领导沟通了，但最终还是不得不解聘你，因为大家都在看着。我表现出很不舍的样子，但是没办法必须得强硬处理。

然后，我再跟他说自己对他的了解，讲起他的缺点和优点，并提醒他以后在其他公司不能把自己的缺点放大，以及如何放大自己的优点。这样他走时还对我有感激之情。此外，这么做也不会降低团队士气。经理要思考如何在开除人的过程中，用温柔的手段做出冷酷的事。

第 4 章

沟通

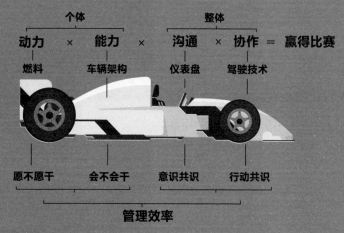

个体 | 整体

动力 × 能力 × 沟通 × 协作 = 赢得比赛

燃料　　车辆架构　　仪表盘　　驾驶技术

愿不愿干　会不会干　　意识共识　行动共识

管理效率

突破自然效率

前面两章，我们讲了如何激发员工的动力和如何培养员工的能力。

$$动力 \times 能力 = 贡献$$

为了激发员工的动力，经理需要成为"鼓手"。为了培养员工的能力，经理需要成为"教练"。这两项提高得越多，员工就越容易成为一个"超级个体"。

但是，任何一个"超级个体"，在今天复杂的商业世界里，都不太可能完全独自完成一项复杂的任务。他们需要和同事、上级甚至外部合作伙伴一起，才能做出超越个体的贡献。

始终要记住，你管理的不是 10 名员工，而是一个团队。

那么，如何才能使"超级个体"们变成一个"超级集体"呢？是什么把他们"黏合"成一个"团队"，像一个整体一样战斗，而不是一盘散沙呢？

是两种"黏合剂"：沟通和协作。

充分的沟通，才能让员工思想一致；充分的协作，才能让员工行为一致。

这一章，我们先来讲讲沟通。

2001 年，我拿到了美国项目管理学会（PMI）颁发的项目管理专家（PMP）证书。2002 年，我写了一门全英文的课程，叫"高级项目管理"（Advanced Project Management），并拿到了 PMI 的课程认证。然后，我用这门课程培训了大量微软员工，帮助他们拿到了自己的 PMP 证书。

在我独自学习和大量讲课的时候，有一个问题一直令我很困惑。那就是 PMI 的指导里说，一个经理应该将 90% 的时间用于沟通。

90% 的时间用于沟通？开玩笑吧，那不干活了吗？这个问题困惑了我很久。

随着管理经验越来越丰富，我才真正意识到，90% 并不夸张。

经理的工作，不是"干活"，而是让一群人因为你而干出更多的活、更好的活、更有价值的活。

而要做到这一点，核心就是靠"沟通"。

所以，我逐渐明白，除了成为鼓手和教练，经理还要成为善于沟通的"政委"，黏合整个团队，通过向员工宣导公司的文化内涵和价值观念，让公司的使命和愿景深入人心；通过与员工沟通交流，解决员工的思想问题和心理问题；更重要的是，让员工明白一个任务或项目的为什么（Why）、是什么（What）和怎么办（How），减少信息不对称，提高员工的战斗力。

所以，做好一个善于沟通的"政委"，是经理的第三个重要身份。为此，你必须具备"想清楚""讲明白"，以及让员工"能接受"的沟通能力。

本章我们将深入系统地阐述，经理作为部门的"政委"，做好沟通的底层逻辑和具体方法。

沟通的目的，是减少信息不对称

我给你讲一个故事。这个故事来自一位著名互联网公司的 CXO 级（总监级）高管。这个故事发生在很多年前，他刚开始做一线管理者的时候。

作为一个新任经理，当时的他很怕冲突，很不愿意或者很不擅长指出员工的问题。有一名员工业绩很一般，他不知道怎么处理。但是，他相信当员工表现很好的时候，经理使劲表扬员工，这样员工就会知道怎样的行为才是公司鼓励的，久而久之，员工就会只表现出公司鼓励的行为了。

他也的确是这么做的，但是，这名员工的业绩表现，一直都没有提升。年终业绩考核时，这名员工因为业绩不行，拿到了一个很差的分数，被开除了。

出乎意料的是，这名员工竟然将公司告到了劳动仲裁部门。

员工不能理解：公司为什么开除我？公司解释说，你业绩不行啊。

于是，这名员工就翻出了经理和他的微信聊天记录。微信里，经理从来没有批评过这名员工，而是一直都在表扬他。"你一直在表扬我，我以为我做得非常好。结果到了年底，你突然要开除我，凭什么？"最后，这名员工被裁定回原公司工作。

这件事给了当时的这位经理，也是现在某互联网公司的高管，非常大的冲击，成为他成长道路上的一个重要标志。

为什么会出现这么尴尬的情况？因为这个员工不该被解雇吗？并不是，他的表现确实不好啊。是因为这个经理不懂劳动法，没有接受相关培训吗？也不是。那是为什么？

因为经理不会沟通。

向下沟通

如果不懂沟通，经理终将遇到类似的事。为什么？

因为升任经理之后，你的身份发生了一个重大改变，你从一个"兵头"变成了"将尾"。

这就是我们说的"跃升"。

"兵头"，还是兵。但是"将尾"，就是最基层的管理者了。从你往上，都是管理者，这和以前一样；但是从你往下，开始有一些兵了。这也就意味着，你从一个末端的终点变为一个中间的节点，你的沟通难度因此大大增加了。

过去，你是一个员工的时候，研究的是"职场"，各种职场课讲的主要是向上沟通。现在，你变成了经理，成为中间的节点，除了要懂得向上沟通，也要懂向下沟通。经理衔接上下，要懂得双向沟通，如果水平不够，就可能两头受气。

职场研究如何向上沟通，管理研究如何向下沟通。但过去，你可能只接受过如何向上沟通的训练，没有接受过如何向下沟通的训练。

互联网上流传着这么一句话，"员工离职无非两点：钱没给到位，或者心委屈了"。

什么叫"心委屈了"？调查显示，绝大部分员工加入一家公司，是因为对这家公司抱有期待；而离开一家公司，主要是因为对直接上司很失望。

现在，我要恭喜你，你当上经理，开始成为员工离职的重要原因了。未来你的优秀员工离职，你要知道，很可能是因为你。因为你让他受委屈了。

举个例子。你觉得员工没有团队合作精神。如果你直接说"我觉得你没有团队合作精神"，这就是在评价人。而如果你说"在这件事情上，我没有看到团队合作精神的体现"，这就是在评价事。"我觉得你工作不积极"，这是在评价人。"我没有在这个十万火急的项目上看到你积极的表现"，这是在评价事。

评价人和评价事，有什么区别？你觉得员工没有团队合作精神，但真的是这样吗？也许员工自己并不这么觉得。在另外一件事上他明明表现得非常有团队合作精神。所以，你不能定性地说他就是一个没有团队合作精神的人。你只能说，在某一件事情上，至少在你看来，在团队合作精神上他表现得还不够。

每个人对自己都是认可的，如果你否定对方这个人，那么势必会受到对方的抵触。所以，如果经理习惯于评价人的不足，员工就会容易觉得心委屈了。

所以，学会向下沟通，是经理的必修课。

减少信息不对称

网络上有很多课程专门讲个人之间的沟通，告诉你如何让别人理解自己的观点，如何达成共识。但是，站在组织的角度，不同主体之间沟通的目的是不同的。对经理而言，向下沟通的主要目的是减少信息不对称，从而提升团队的战斗力。

什么叫提升团队的战斗力？假如你手下有 10 个员工，他们每人的战斗力是 1，由于自然效率会有损耗，比如因为沟通不畅做了重复的事情，甚至彼此相互冲突的事情，所以 10 个员工加起来的团队战斗力可能只有 8，甚至只有 7。

而因为你的管理，大家加强了沟通，所以把团队的战斗力发挥到了10，甚至是12或15。这就是你的价值——提升了团队的战斗力。

所以，经理的一个重要价值就是通过沟通的方式，减少信息不对称，做到没有惊喜和意外（No Surprise）。这样才能使团队的战斗力大于个人战斗力之和。

这是什么意思呢？

假如你手下有10个员工，这10个员工每天要做很多事，这些事往往需要做决定，如做还是不做，做A还是做B，做到什么程度，等等。假如1个员工一天要做10个决定，10个员工一天就要做100个决定，一年有大约250个工作日，这也就意味着你的员工一年总共要做25 000个决定。

如果这些决定都要你来批准，你是绝对忙不过来的，所以必须让他们自己做大部分决定。他们真正来请示你的，可能只是这25 000个决定中的500个，另外的24 500个决定都是他们自己来做。那么，他们靠什么来做决定？他们要靠充分的信息。只有掌握充分的信息，他们才能做出和你差不多的判断，这时整个团队的效率才会真的得到提升。这就是为什么要减少信息不对称。

还有一点，那些没有请示你的24 500个决定背后有没有重复劳动，会不会A做的事B也做了，甚至A和B做的事情是互相矛盾的？你如何验证并避免这种重复劳动或互相矛盾呢？这还是要靠信息对称，就是要让所有人都知道所有的事，或者说不用记住这些事，但是只要想查，都能查到。

那具体怎么做，才能减少信息不对称呢？

我们首先要了解团队沟通有以下三个常见的错误。

第一，把信息当权力。老板说了什么，通过经理传达给下属的时候，处在中间的经理就容易把信息当权力。我知道而你不知道，所以你想知道时，就要来问我。这就是权力。这种信息权力很容易让人觉得自己厉害，以致迷失自己。

第二，说好不说坏。我们习惯于对上级报喜不报忧，对下级说好不说坏。本节开头的例子就是典型的说好不说坏，只表扬不批评。和员工沟通时，赞美的话很容易讲出口，怎么说对方都高兴。可是，批评的话就很难讲出口了。很多管理者在评价员工时，非常委婉、层层包装，以至于员工根本听不出来领导在批评他。结果，员工把糖衣吃了，但是完全没有看见炮弹。

第三，当老好人。两个员工发生争执，经理说你有问题，他也有问题，把两人各打了五十大板。

我们要理解人为什么常犯这三个错误。这三个错误的本质是逃避沟通。逃避沟通的本质是，通过减少沟通来减少眼前的冲突。人总是害怕跟别人产生冲突，因为冲突可能会带来风险，而逃离风险是人的本能。所以很多经理选择逃避沟通，而一旦逃避沟通就会带来信息不对称，整个团队的生产力就会大大下降。

理解错误沟通的本质之后，接下来，怎么做到正确沟通呢？

想明白，说清楚，能接受

团队沟通的正确方式可以用9个字来概括：想明白，说清楚，能接受（见图4-1）。

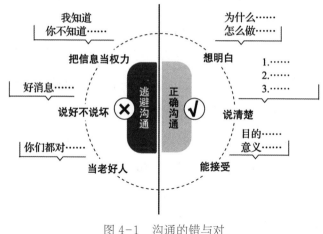

图 4-1　沟通的错与对

想明白

有时经理跟人沟通，讲完之后却无奈地对员工说，你怎么都听不懂啊？经理要明白，他听不懂的原因可能是因为你自己没有想明白，你自己都不知道自己在讲什么。

在给员工安排任务前，经理得先想明白以下几个要点：

▶ 为什么要做这件事？

▶ 怎么做这件事？

▶ 这件事要实现什么样的结果？

▶ 这件事的截止日期是什么时候？

说清楚

想明白要沟通的事情后，你还要能够把它说清楚，也就是说你的表达要到位，告诉员工要怎么干。有一位管理者，他管理的是一群食堂阿姨，她们文化程度大多偏低。于是，他就用图片和照片来展示验收、留样、冰箱冷藏的流程。效果非常好。这就是"说清楚"。

能接受

你讲清楚之后对方是不是能够从心理上接受呢？不一定。

有位管理者安排任务时，每次遇到员工有异议，她就用最简单粗暴的方式解决，说这是老板要求的，她也没办法。这样的次数多了，员工对她处理事情的方式和为人就很有意见。任务的执行效果，也就大打折扣。

所以，只有让员工发自内心地理解并接受这么做的目的和意义，他们才能真正接受这项任务。

经理想明白和讲清楚，都是为了员工能理解。

▶ 员工不能理解，不能接受，此时你用的是他的手。

▶ 员工能够理解，不能接受，此时你用的是他的脑。

▶ 员工能够理解，能够接受，此时你用的是他的心。

所以，经理用员工有三个层次：用他的手、用他的脑和用他的心。一个优秀的经理，懂得用员工的心，而不仅仅是员工的手。最糟糕的经理，有时连员工的手都用不上。到底怎么做，才能从用手到用脑到用心？你要懂得沟通。

接下来，我将用 5 个小节来给大家仔仔细细讲想明白、说清楚、能接受这三件事分别该怎么做。

小结

我们讲动力和能力，是为了提高个人的战斗力；本章讲的沟通和下一章将要讲的协作，是为了提高团队的战斗力。我们通过沟通实现思想的一致，通过协作实现行为的统一。

沟通的目的，是减少信息不对称，是没有惊喜和意外。

沟通要做到三件事：想明白、说清楚和让员工能接受。

学员案例与感悟：

小光　职场就像家庭，很多没必要的内耗、没必要的委屈，都是因为缺乏沟通。下属怕上司知道自己的不足，认为自己不行；上司也怕下属知道自己的顾虑和恐惧，总想在对方面前保持一个好形象。其实，大家都是人，也都能互相理解，除了一些原则性的敏感问题，没有什么是不能沟通的。充分沟通，让渡一些自己的"完美"，也是取得对方信任的方式。能看清这点，彼此的心理包袱就会轻一些。

张康　当下属有问题需要指出时，最好的方式是单独面对面，就算不严肃，也需要正式指出来，这样下属才会当回事且认真对待。例如和下属在一个小屋子里，以"我们来对你最近的工作进行一下复盘"开头，以"你压力也别太大，这些不妥的地方加以改进就行，上点心，因为这对我很重要，我特别关注这些地方"来结尾。

稍差的方式是两个人独处，但是气氛和严肃、正式不沾边，类似中午和下属的餐后散步，闲聊中加点"点拨"。这种方式下，下属可能过滤掉很多信息。

最差的方式是公开指出来，如果指出时的语气、气氛是严肃的，下属会当回事，但也有可能引起对方情绪反弹，毕竟面子上挂不住。但若是点名指出来后，再加上一句"其他人也需要注意"（加上类似这种措辞，大部分是因为领导又突然要给这个下属留面子），下属很可能依旧不太当回事，毕竟"其他人"这个词一说出来，就会给人"法不责众"的感觉。我碰到过的 40 岁左右的领导，惯用"小屋子＋单聊"；30 岁左右的，惯用"公开＋点拨"，可能这也是害怕"冲突"的体现。

从贰开始　在批评了某员工之后，我清楚地告诉他，我这是为他着想，"我可以不管你，让你温水煮青蛙一般慢慢被社会淘汰；也可以为了让你成长起来，对你严格要求"。他听懂了，严格才是关爱，我批评他是为了他好。在团队成员中，他是成长最明显的一个。

想明白：搞清楚"为什么""是什么""怎么做"

有一次，我问一个创业者，你的团队是做什么的？

他想了想，说我们团队是做这个、做那个的，讲了5~10分钟。他们确实做了很多事，但他讲得有点混乱，我没能理解他们团队到底是做什么的。

他想了想说这样讲不对，自己再想想。后来终于想出来了，他说：我们做的事总结起来就是一句话，"让客户满意，帮公司创造价值"。

讲完之后他觉得非常满意，但我觉有点抽象，还是没听明白。对此，他也觉得特别痛苦。这到底是怎么回事呢？

是因为他的表达能力不够强吗？还是因为我的理解能力不够强呢？都不是，尤其不是他的表达能力不强。

表达就是要说出来，他在说出来之前有一件事没做到，就是没有想明白。不是没有讲清楚，而是没有想明白。

"为什么""是什么"和"怎么做"

所谓想明白,就是要搞清楚三件事:"为什么"(Why)、"是什么"(What)和"怎么做"(How)。

假设你面前有三个筐,还有一堆豆子,有红豆、黄豆和绿豆。你要把红豆拣到红豆的筐里,绿豆拣到绿豆的筐里,黄豆拣到黄豆的筐里。一开始你脑子里是各种豆子混在一起,分类完之后,就一目了然了。

给红豆、黄豆和绿豆分类,对应到沟通上,就是在你大脑中做整理:想明白"为什么""是什么"和"怎么做"。沟通每一件事你都一定要想想这三个筐,这是非常重要的心法。

举个例子,美国登月。冷战期间,苏联的加加林成为第一个进入太空的地球人,非常厉害。这一壮举极大地刺激了美国,许多国会议员希望立刻开始实施一项太空计划,与苏联竞争。当时的美国总统肯尼迪在公开演讲中回答了登月团队要做什么,他说:我们要在十年之内把人送上月球,并且让他安全地回来。你看这句话讲得非常清楚,美国要做的是一件什么事,肯尼迪就说了"是什么";他没有讲"为什么",我们要把世界变得更美好(make the world a better place);他也没有讲"怎么做",比如怎么组织团队、怎么做登月舱、怎么研究金属材料,等等。

回到本节最开始的问题,那位创业者的第一次回答之所以混乱,是因为他讲了很多的"怎么做",即如何来做这件事。他的第二次回答为什么抽象呢？"让客户满意，帮公司创造价值"，这讲的是"为什么"，即为什么他的团队会存在。但我问他的问题是"是什么"。相当于别人要的是一颗黄豆，结果他从一堆豆子里挑出了一颗绿豆；别人说不对，我要黄豆，他想了想，又挑出了一颗红豆。这样沟通当然会有障碍。

再来看一个常见的沟通障碍。当你教员工一件事情该怎么做的时候，你告诉他第一步、第二步、第三步……说了一大堆，你发现他还是学不会。为什么他学不会？因为你没有帮他解决"为什么"的问题，为什么我要这么做？没有解决"为什么"的问题，他就会动力不足，没有学习的欲望。光教"怎么做"是没有用的，在这之前，你要先解决"为什么"的问题。

所以，你跟别人的沟通出现问题，很多时候不是没有讲清楚，而是没有想明白。在沟通的时候，你一定要搞清楚，对方想听的是"是什么""为什么"还是"怎么做"；而自己所表达的是"是什么""为什么"还是"怎么做"。只有当你所表达的和对方想听的相匹配时，你们的沟通才是有效的。

沟通出问题，往往是因为只讲"是什么"

那怎么才能想明白呢？你必须在脑海中，把对一件事的种种思绪分门别类地放在"为什么""是什么"和"怎么做"

这三个筐里，才能够做好沟通。

具体来说，你要"想明白"三件事。

第一件事，想明白"为什么""是什么"和"怎么做"的区别。

有一次，我和一组企业家开私董会。某个企业家的问题是：如何给高管降薪？如何招到"80后"的总经理？

现在请问：这是什么类型的问题？

这是关于"怎么做"的问题。他想找到"无痛解雇"高管，以及招"80后"总经理的方法和步骤。

他之所以这么问，是因为他心中已经有了两个确定的"是什么"，那就是：解雇高管和招"80后"的总经理。他觉得这两个"是什么"不需要讨论，这是确定的，只需要讨论"怎么做"就行了。

这时你要做的不是直接给他出主意，而是多问一句：为什么这个"是什么"是确定的？为什么一定要解雇高管？为什么要招"80后"的总经理？到底发生了什么，让他觉得非这么做不可？

这就是"为什么"。也许，这个"为什么"更重要。

第二件事，想明白"为什么""是什么"和"怎么做"的关系。

"为什么""是什么"和"怎么做"，这三者之间是什么关系呢？

它们之间的关系是："怎么做"是"是什么"的答案，"是什么"是"为什么"的答案，或者说是，"为什么"导致了"是什么"，"是什么"又导致了"怎么做"（见图4-2）。

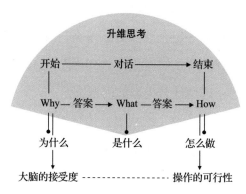

图 4-2 "为什么""是什么"和"怎么做"的关系

听起来有点像绕口令。我们以"如何给高管降薪"为例来解释一下。

"给高管降薪"是企业家想采取的一个行动，这是"是什么"。他问的是"如何"给高管降薪？他是想问怎么做，所以"怎么做"是"是什么"的答案。

但是，他为什么要解雇高管呢？这背后一定有个"为什么"。这个"是什么"就是他心中那个没有讲出来的"为什么"的答案。

所以，要解决这个问题，首先要理解他心中的那个"为什么"。这是一切的根源。

具体怎么做？分以下三步。

第一步，从"是什么"倒推出"为什么"。

"降薪对员工来说是非常大的伤害，简直形同于羞辱，你为什么要给高管降薪呢？"

他说，因为有一次投资人来做尽职调查，和几位高管单独交谈，分别问他们知不知道公司的战略是什么，结果每个人说的都不一样。

这让他非常没面子。他觉得，做了这么多年高管，他们居然都不知道公司的战略，必须予以开除。

原来是这个原因。真正的"为什么"找到了。

第二步，再从"为什么"推出新的"是什么"。

"有没有可能，其实是沟通机制出了问题呢？是不是你们没有进行有效的战略分解，没有执行跟进的流程呢？"

他一想，觉得有道理。

找到了那个真正的"为什么"之后，他决定不解雇高管了。也许有别的解决方法，比如建立有效的战略执行机制。

建立有效的战略执行机制，就变成了新的"是什么"。

这时，所有参与私董会的企业家们一身冷汗：差一点，我们就出了五花八门的建议，帮他解雇高管了。

没想清楚"为什么"，那个"是什么"可能就是不对的。

第三步，再从新的"是什么"推出新的"怎么做"。

新的"怎么做"是：如何与高管进行充分沟通？这时，私董会的企业家们提出了很多有价值的建议。

同样，他为什么要招"80后"的总经理呢？

因为这个创始人是"60后"，他的合伙人也是"60后"甚至是"50后"，他总觉得公司决策层青黄不接，马上要断层了，这让他觉得害怕、恐惧，因此想招一个"80后"接班，这是"为什么"。

那么，招一个"80后"总经理是不是这个"为什么"的最好的答案呢？也许不是。因为他真正想做的不是招一个"80后"总经理，而是解决决策层青黄不接的断层问题。这才是真正的"是什么"。

然后，再从这个真正的"是什么"推出新的"怎么做"。私董会企业家们的建议非常多。最后发现，他不是一定要招一个"80后"总经理。他应该做的是制订一个人才阶梯培养计划。

这就是"为什么""是什么"和"怎么做"的关系。

第三件事，想明白"为什么""是什么"和"怎么做"的顺序。

一般情况下，我们跟别人沟通的时候，要开始于"为什么"，结束于"怎么做"。

为什么有时你的员工不能接受？因为你没有讲"为什么"。

为什么有时你的员工不会执行？因为你没有讲"怎么做"。

所以，没有"为什么"和"怎么做"的"是什么"，就是鸡汤。你天天跟员工说"你要好好努力啊"，等于什么都没说。因为努力做一件事是"是什么",没有想明白为什么努力、怎么努力,也就是"为什么"和"怎么做",自然不会有效果。

你跟员工说,这个月必须提高客户满意度,这是给了他"是什么"。结果过了几个星期,客户满意度还没有提高,你非常恼火:我不是跟你说了吗,要提高客户满意度,怎么还没提高?为什么?因为你只给了他"是什么",却没告诉他"怎么做",所以他不知道怎么做。这就好比你只给了他鸡汤,却没给他勺子。

再来看一个场景。经理这样告诉员工,为什么一定要努力完成手头的工作,因为后面有三个等待项依赖于他手头的工作,如果他不按时完成,一个团队的工作就会因此延期。而整个项目还有更多的事项依赖于这个团队的工作,它们一旦延期,就会导致整个项目延期,到最后满盘皆输。这是公司今年最重要的项目,一旦这个项目失败,公司就会遭遇巨大的风险,年底会亏损。公司亏损会导致降薪和裁员,至少大家的奖金肯定发不出来。所以,公司今年最为重要的项目现在就靠你了,这相当于你扛着整个公司的未来。

员工听完这些后,加班加点也得按时完成手头的工作,不会再像过去那样消极怠工。因为经理给了他一个强大的"为什么",让他明白了手头工作的重大意义。

总之,说清楚"为什么"是为了解决员工大脑接受度的问题；说清楚"怎么做"是为了解决员工大脑把信息传递到双手之后的可行性问题。但是现实中，很多经理往往只讲"是什么"，即你要做什么，却忘了说"为什么"和"怎么做"，这是沟通出现问题的核心原因。

小结

○ 想明白，就是搞清楚"为什么""是什么"和"怎么做"。

记住三件事：第一，要区分"为什么""是什么"和"怎么做"；第二，想明白它们之间的关系；第三，弄清楚它们的顺序。

团队管理者要牢记，只有员工愿意干一件事，并且会干，这件事才有可能干成，因此让员工明白"为什么"和"怎么做"必不可少。

学员案例与感悟

范俊　我曾经习惯于这样跟员工讲话："你们怎么干的活？抖音号搞了这么久，就几千个粉丝，赶紧去想想办法，把粉丝数搞到 10 万。"原来以前我是在偷懒。

李春朋　有时候一个经理能不能想清楚"怎么做"，也是对经理自己能不能解决这个问题的自检。如果认为自己所想的"怎么做"可能只是保底方案，那怎样引导员工提出一个更优的"怎么做"，是经理需要思考的问题。

我以前没有管理经历，轻视了"为什么""是什么""怎么做"这种简单的框架，这导致我没有意识到很多问题是自己没想明白。一些事情没办成，我认为是手下人愚蠢，其实是我没有真正把事情想明白。

杨健　有时为了培养员工，提高员工完成项目整体架构的能力，我会给他们安排难度高一点的任务，并且特意不说"怎么做"，而是让他们自己去摸索。如果安排任务时都告诉员工"怎么做"，我担心他们会滋生懒惰，每次都根据领导给的方法直接做出来，自己不去思考了。另外，有些核心问题的解决方法，经理也未必能事先就想明白"怎么做"。

大树　我们的项目通常需要多个角色共同参与完成，包括业务、产品、技术、实施人员。有一个奇怪的现象，项目成员会下意识地觉得，项目交付不了是项目经理的事，跟他们没多大关系，可想而知，这种心态下的工作动力有多弱。员工始终都需要有领导拿着鞭子在后面盯着、抽着才会动起来，不盯着、不抽着就出问题，搞得大家都很累。我反思了一下，原因之一就是我们的项目启动会做得不够好。

项目启动会的重点是需求宣讲，俗称"画饼拉人"。我们宣讲的重点全都集中在讲"是什么"，就是这个项目的目标、项目内容等，基本不会说"怎么做"层面的事，"为什么"层面也只是会说客户要求的标准是什么，定的交付工期是什么，很少谈其他东西。以后要多谈"怎么做"和"为什么"层面的内容。

降维沟通：听不如说，说不如写，写不如画

上一节我们讲的沟通问题是"想明白"，这一节开始我们讲沟通的下一个部分——"讲清楚"。关于"讲清楚"一共有 3 节内容，我们先讲第一个部分——降维沟通。

什么是降维沟通？

我们先来看一个常见的现象。经理给员工交代任务时，经常会问员工听懂了吗？为了证明自己还不错，员工通常会说听懂了，甚至会拍个马屁：经理，你说得真清楚，没问题了。结果，任务完成得一塌糊涂，经理大发雷霆。

请问：这是谁的错？听懂是谁的责任？是下属的责任吗？

不是，是经理的责任。

谁的损失最大，就是谁的错

前面讲员工培训问题时，我们提到过"谁的损失最大，

就是谁的错"，这里展开来说说，这个逻辑来自阿德勒的课题分离原理。

什么叫课题分离？

我儿子小米有一次把玩具递给他外婆，外婆没接住，掉在地上碎了，小米很生气、很委屈，就哭了。我问他：小米，这是谁的错？小米说：当然是外婆的错啊，她没接住。

我又问：碎了的玩具是谁的东西呢？他说：是我的东西。我说：那这是谁的损失呢？他说：这是我的损失。我说：对啊，这是你的损失，所以就是你的错，要记住，谁的损失最大就是谁的错。

为什么？

"因为你再怎么对别人发火，还是你的东西碎了。对外婆怎么发火，都挽回不了你的损失。所以，你应该在伸手递玩具的时候，往前多伸一点，让外婆能够抓牢，这样你的玩具不就不会摔坏了吗？"

错误是谁的，谁才会纠正。只有你发自内心地认为这是自己的错，你才会做出改变。所以在地铁上，有人踩了你一脚，这是谁的错？是你的错，因为你生他的气，骂他一顿，是没用的。你把自己的脚藏好，这才是正确的做法。

所以，如果下属没听懂，这是谁的错？要看谁的损失最大。显然是你的损失最大，你的兵出了问题你要负责，老板会骂你，所以这是你的错。要记住，谁的损失最大，就是谁的错。

所以，不要问员工：你听懂了吗？因为这句话的主语是"你"，那听懂这件事就是他的责任，他一般不敢说"我没听懂"。

在这种情况下，经理要说：我讲清楚了吗？

主语变成了"我"，责任就转移了。经理能控制的是自己的讲而不是别人的听，所以要说"我讲清楚了吗？"。

沟通四维度：听、说、写、画

那经理怎么做到讲清楚呢？

我总结了 8 个字：升维思考，降维沟通。

我们在上一节介绍的"想明白"，本质上是讲"升维思考"。思考问题的时候，如果只考虑"是什么"这一维度，只考虑"怎么做"这一维度，或者只考虑"为什么"这一维度，都是不够的，要升维思考，全面考虑这三个要素。

沟通有四个维度：听、说、写、画。

听就是听别人讲，说就是把内容给别人讲一遍，写就是把内容写成一篇有条理的文章，画就是把内容画成一张图（见图 4-3）。

为什么说听、说、写、画是四个维度，而不是说它们是四个不同的方面呢？因为它们的沟通效果是有维度级差异的。

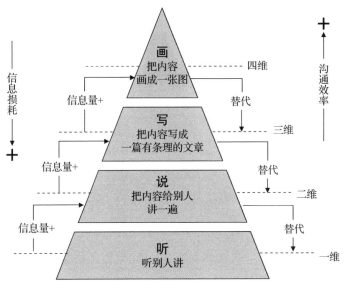

图 4-3 沟通的四个维度

听不如说

你戴着耳机听音乐，一边听一边哼。你对面有人，他们听不到你耳机里的音乐，只能听到你哼的调子。哼完之后，你问他们，我刚才哼的是什么歌？你觉得自己哼的这个调子那么清楚，那么熟悉，他们肯定能猜中。但你惊讶地发现，比你想象中多得多的人说，他们根本就不知道你在哼什么。这是因为戴着耳机听音乐的你接收到的信息是很全面的，但你真正说出来（也就是哼出来）的时候，存在巨大的信息损耗，所以他们听不懂。

有个流行的传话游戏，第一个人听别人说了一个消息，然后传达给第二个人，第二个人再传达给第三个人……到最后一个人的时候，消息已面目全非。为什么？因为从听到消息到说出来有信息损耗。

说不如写

会说，就够了吗？当然不够。说话时思维还是发散的，会写才说明有了更深入的思考。写得清楚，才说明逻辑真的清楚。卓越的写作能力，不仅有助于提升行政管理水平，还有助于显著提高企业管理者的效率，因为写工作计划、工作总结、演讲稿、会议稿、工作汇报等，都需要很强的写作能力。

有的人非常能说，但让他写一篇文章，他望着白纸，写不出一个字。

为什么？因为"说"这件事，可以有信息的往来，可以有信息的重复，可以有口头禅，不需要找到观点与观点之间的先后次序和因果顺序。但"写"是不能这样发散的，写的时候你要思考内容的逻辑，你得把一条逻辑线索梳理出来。

说不如写，写所包含的信息量和逻辑性是要远大于说的。

写不如画

会写，就够了吗？当然，还是不够的。因为写是线性的逻辑，比写更厉害的，是能画出一个模型。画图是一种高效、生动、直观、易于理解和记忆的思维方法。

假设我们要弄清楚 7 个人之间的汇报关系。如果是写一段文字，你要写清楚这个人汇报给那个人，那个人又汇报给另一个人……写完之后，你问对方清楚了吗？那个人估计一头雾水。但如果你画一张图，那个人一眼就能看明白。

这就是一图胜千言。研究者对此有过分析，图像是具象的，调动的多是感性思维；文字是抽象的，调动的多是理性思维。人说到底是感性动物，所以更容易接受图像。

相比于写，画又升了一个维度，画图的时候，信息量要远大于文字。写文章是一条逻辑线，可是如果画成一张图，就会有无数条逻辑线环环相扣，彼此交织，它们之间的关系变得错综复杂，这对思维的要求就更高了。

所以记住，听、说、写、画是沟通的四个维度，每升一个维度，所包含的信息量更多，信息损耗更小。

那么，怎么降低信息损耗呢？

说替代听，写替代说，画代替写

降维沟通可以减少信息传递过程中的损耗，具体有以下三个方法。

用说替代听

工作中很多时候员工是用听来做沟通的，今后你得要求员工说出来。你给一个员工布置完任务，你说：我讲清楚了吗？员工说：讲清楚了，我明白了。你说：那你干活去吧。这种沟通方式对员工来说是听。但听是最低维的沟通，你要进行升维。

在员工去干活之前，你要说：那你讲一遍给我听听。听他讲完之后，你可能会郁闷得想吐血，感觉自己是鸡同鸭讲。你对员工说：你根本就没明白，这样，我再讲一遍。这样反复进行几次，直到员工能说清楚为止。这就是让员工用说代替听。

教是最好的学，就像老师让学生听课不如让学生讲课一样，经理让员工输出，最能倒逼他更好地倾听和思考，实现更高质量的输入。

用写替代说

经理跟员工做一对一的沟通时，天马行空聊完之后，回想一下，这件事忘了说，那件事忘了讲。所以记住，说这种沟通方式是低维的，更高维的是写。

在跟员工一对一谈话之前，经理要写下来今天谈什么话题：你要努力工作，这是"是什么"；然后写"为什么"，为什么你要努力工作，因为你最近的业绩遇到了问题，年底考核比较危险；最后是"怎么做"，怎么努力工作呢，你要多向你的师傅请教，还要分析业绩找找原因。

此外，在开会之前，经理要写出会议议程，前 5 分钟聊什么，之后一刻钟聊什么，这样结构化之后，开会效率会更高；在演讲之前，经理要具体写出五点，第一是什么，第二是什么……这样，演讲会更有条理。

经理用写替代说，信息的逻辑性就会强很多。

同样，会议之后，可以要求员工把后面要做的事写一封邮件给你。员工写的过程，就是深度思考的过程。

用画代替写

很多人演讲的时候，喜欢站在台上念讲稿，这样的演讲往往让人觉得很无聊。演讲时用 PPT，效果往往比念讲稿好，因为 PPT 里有很多画，更加结构化，更加全面，传达的信息会更完整。

举个例子，2015 年我参加吴晓波频道的传统企业转型大课，做了 1 小时的演讲。在整个演讲过程中，我只用了一张 PPT（见图 4-4），把一张思维导图从左讲到右，就把问题讲明白了。

这张 PPT 把我讲的所有要点的逻辑画得特别清晰。

咨询公司的核心能力之一，就是建模的能力。从某种意义上来讲，建模的能力就是深度思考的能力，就是"画图"的能力。

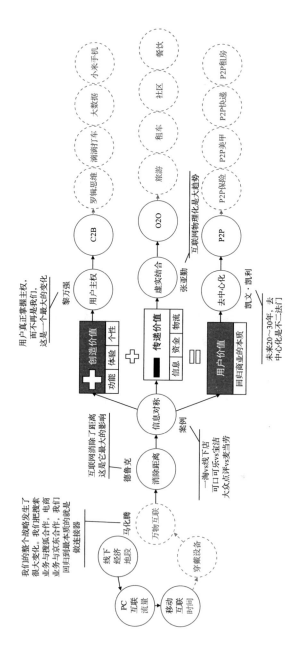

图 4-4 润米第一模型：企业价值模型

用画代替写，可以帮助受众将大量的信息以图形的形式呈现，这样不会让人感到杂乱无章，更容易被大脑所记忆，从而成倍提高信息接收率。

你也可以试着要求员工，把一件事下面他打算怎么干画一张流程图出来，手绘也行。只要能画出来，他一定经过了深度思考。

小结
：升维思考和降维沟通，如果这两者你都能做到，你在沟通时的信息对称度就会大大提升。

什么叫降维沟通？

沟通有四个维度：听、说、写、画。它们的信息沟通效率从左到右依次提升。降维沟通让接受信息的人面对的难度大大降低，但是对传递信息的人的要求大大提高。

请大家记住：听不如说，说不如写，写不如画。

学员案例与感悟

杨健　以前听说日本人布置工作至少要说 5 遍，包括"麻烦你做什么事""麻烦你重复一下我让你做什么事""你知道我让你做这件事的目的是什么吗？""这件事会不会出现什么意外，你打算怎么应对？""如果是你自己做这件事，你有什么想法和建议"。当时第一感觉是怎么会有这么"变态"的做法，学完本节才明白，这是降低沟通损耗、节省后期时间比较好的方式。

李春朋 我一直都有不善口头表达的心结，因此对沟通这件事心存敬畏。对于一些重要沟通，我会借助于思维导图和visio这样的工具，即使没有电脑也会借助清单工具，这种心态就像一个认为自己腿脚不利索的人给自己找了一对拐棍一样。但就是这对拐棍，让我在公司顺利完成了一个口齿伶俐的人都没能完成的需要多单位、多部门协作完成的工作。

复盘的时候，我琢磨那位出了名的口齿伶俐、思路清晰的经理，为什么没有把这件事办成。我想她可能是过于相信自己的嘴，认为她说清楚了，其他人就应该清楚了。而其他人多数都停留在听的维度上；少部分会追问一下，达到说的维度；极个别人才会写邮件阐述并追问一下，达到写的维度。但这毕竟是一个复杂的网络协作问题，在相当一部分人还停留在听的维度时，执行起来就会出现很多因为理解有偏差而带来的问题。

小光 写不出东西，就意味着观点没逻辑、工作没思路、计划没统筹。所以，手不释卷、笔耕不辍，是任何一个管理者都必须坚守的修行方式。虽然过程可能很痛苦，但选择一条艰难而正确的路，才会越走越简单。

　　我们公司的办公区一共不到 700 平方米，却非常"奢侈"地配备了 11 间大大小小的会议室，最小的会议室也就能容纳三四人，但每个会议室都有投影仪和一块占满整面墙的白板。我们每一次观点的碰撞，每一次任务的下达，每一份高质量的报告，都是在这些会议室里分析、讨论，甚至是"争吵"出来的。就算是再小的问题，我们也会在白板上写写画画，反复推敲，直到逻辑自洽，大家都接受、认可为止。

沟通的七种武器

　　沟通要做到三件事：想明白，讲清楚，能接受。经理讲不清楚的原因是信息有损耗，因为有损耗，所以要降维沟通，那怎么降维沟通呢？我们需要工具。

　　需要什么工具呢？举个例子：假如你去砍树，先是用锋利的石头砍，费了半天劲终于砍倒了一棵树；接着用斧头砍，一个钟头就砍断了一棵树；最后你用电锯，几分钟就砍倒了一棵树。所以说做好一件事情，关键是找对工具。

　　沟通也是一样，工具有很多，比如开例会、做头脑风暴等，有十八般武艺，有众多的流派。但你不需要全部学，关键是把基本功练扎实。只要把本节所讲的七招耍得虎虎生风，你就已经很厉害了（见图 4-5）。

沟通工具	目的	关键点	做法
一对一沟通	解决私下才能讨论的问题	锁定时间段 谈员工主动提出的议题 进行对事不对人的工作失误沟通	让员工准备问题 沟通前对齐清单
即时沟通	解决慎重、紧急、难澄清的问题	即时回复 当下解决	面谈、打电话、企业微信和钉钉
电子邮件	要事公告、公开表扬、留证据	要有记录	条理清晰
走动管理	"闻味道"，了解情况，展现亲和力	在员工的主场沟通	沟通比较随意，员工没有压力
例会	强制沟通，设定项目检查点	会前有计划 会后有纪要	早会做表扬，讲政策 夕会说问题，做复盘
看板	大家同步展示，知道彼此的进度	用数字、时间、百分比进行展示	要有直观性 红灯、黄灯、绿灯
周报	对本周做复盘 对下周做计划	经理要以身作则	常规事项只写一条 新事项每周都要写

图 4-5　沟通的七种武器

第一种：一对一沟通

什么时候需要一对一沟通？

比如：开完会后，你感觉有个员工有话想说，却欲言又止，他的眼神中流露出不知当不当说但还是决定不说的情绪；有时候你正想批评一个员工几句，但发现四下有人，就忍住没骂他，后来你总想着这件事，如果不说他，他不会提高。

你得有一种最有效的沟通工具，来解决上面这两种问题。这世上有些沟通必须两人在私下进行。一对一沟通的目的，就是解决那些只有私下才能讨论的问题。

那一对一沟通怎么做？有三个关键点。

第一，锁定时间段。比如每个月和每个员工进行一次大约 1 小时的沟通。

第二，主要谈员工自己主动提出来的议题。比如谈遇到的职业困扰、家庭的情况、未来的发展规划，而不是谈工作进展。一对一沟通的目的是解决以上这些工作会议解决不了的问题，从而有效降低员工的离职率。

第三，进行对事不对人的工作失误沟通。一对一沟通是非常重要的指出员工工作失误的时机，经理要把这个失误明确地讲出来，但是要记住，要针对这件事本身，而不是针对这个人。不要对员工说"你不行，你怎么这么不努力"，这是针对人的，而要说"这件事没有达到我们预期的效果，这件事出了几个问题，必须加以改进"。

很多经理以为，一对一沟通就是问员工：最近有什么事吗？家里还好吗？这时员工通常会回答：没事，家里挺好的。然后，经理就不知道怎么接着说下去了。

这里有个关键，一对一沟通是经理发起的，员工没有做准备，所以员工会用最简单的方式结束沟通，也就是说，他们沟通的目的是结束沟通。为了让沟通继续下去，经理要让员工发起沟通。在一对一沟通前，经理要告诉员工：你想讨论什么，有什么问题可以先准备好，那 1 小时是你的。

员工准备了一部分问题之后，如果经理真的有些问题想问，可以给员工一张清单，这张清单能让他在沟通前有所准备。比如：

▶ 最近有哪些让你特别振奋和惊喜的事情？

▶ 有哪些让你沮丧和纠结的事情？

▶ 你未来 3~5 年的职业目标是什么？和公司的目标怎么结合？

▶ 你最近在哪些地方可以提升？有什么计划？我如何帮你？

▶ 经理做哪些事情，你的业绩可以更好？

▶ 你还有什么问题问经理？

第二种：即时沟通

有时候你给员工发邮件，告诉他这件事这么干，结果他三天没回复你。你就去找他，发现他不在办公室。算了，等他回来再说。如果这件事挺着急的，这时你就应该动用第二种沟通工具——即时沟通。

那些慎重的事情、紧急的事情，以及很难澄清的事情——就是你说两句话，他回两句话，很长时间讲不清楚的事情，一定要即时沟通。

即时沟通有几种方式：第一高效的当然是面谈；第二高效的是打电话；第三高效的是企业微信、飞书和钉钉，要让大家养成把它们当成工作工具的习惯，企业微信、飞书和钉钉都有个功能，能让你知道群里有几个人看过你发的信息。

虽然微信、QQ 也是即时沟通工具，但我建议你用企业级的工具来解决企业问题。

即时沟通的关键点，是即时回复、当下解决。

第三种：电子邮件

你对员工说：我上周跟你说过的事你还记得吗？员工一脸惊讶：啊，你说过吗？我不记得了。

要避免出现这种情况，该怎么办？用电子邮件。发电子邮件有一个重要目的，把重要的事情公告出去，比如向参会人员发会议纪要，或者告知大家结论。

电子邮件也适用于公开表扬。批评要私下进行，表扬要公开进行，以号召大家学习这种行为。

电子邮件的第三个作用是留作证据。当一个员工在行为上有违规，比如迟到早退，都应该正式留下证据，发封邮件给他，同时也看看他有没有正当的理由。这叫先小人后君子，万一将来产生劳动纠纷，这些记录都是证据。

电子邮件的关键点，是要有记录。

扩展阅读

关于电子邮件，我补充一点。现在可能会有人觉得，写电子邮件太落伍了，是外企喜欢采用的沟通方式。我的看法则不太一样。

外企喜欢用电子邮件沟通，或者说中国企业不喜欢用电子邮件沟通，有三个原因。

第一，企业邮箱的普及。

虽然我们也曾经有过新浪邮箱、QQ 邮箱、网易邮箱等，但这些都是"个人邮箱"。比如，后缀是"@qq.com"的是个人邮箱，后缀是"@microsoft.com"的是企业邮箱。

很多公司给我发邮件时，用的都是 QQ 邮箱。我就推测，这些公司还没有完成内部信息化，因为它们还在使用免费的网络邮箱。

为什么企业邮箱很重要？假如你公司有 1000 人，每个人都用自己的 QQ 邮箱，你怎么记得住所有人的邮箱？拿小本子记吗？这就阻碍了内部协同。而如果你用了企业邮箱，就可以从"组织通讯录"里直接选人发邮件，使协同效率大大提高。

美国的企业邮箱普及率很高。有了企业邮箱，就相当于有了一套"账户系统"。基于这套账户系统，会慢慢开花结果，长出了各种各样的协同方式，甚至邮件文化。

中国也有企业尝试过做企业邮箱。比如腾讯收购了张小龙的Foxmail 后，做了腾讯企业邮箱，但一直没有成为主流。

第二，写邮件能力开始了逆向选择。

一旦邮件变成了人的第一工具，它就会反过来逆向选择人。

你会不会起标题名？懂不懂结构化表达？知不知道什么时候用"回复"，什么时候用"全部回复"更礼貌？把谁放在"抄送"栏更符合规矩？什么时候用"密送"？什么时候该直接回复，什么时候该重启一封新邮件？如何不用一直看邮箱，但又让人感觉自己无时不在？请假或者出差，如何设定自动回复消息？该不该用颜色、加粗、大字、下划线等格式来强调自己的话？

只有掌握了这些明规则和潜规则的人，才能在与对方素未谋面的情况下更好地获得对方的认可、好感甚至支持。这些会写邮件、掌握了以上规则的人更有机会做得比别人好。相反，那些不会写邮件、没有掌握以上规则的人，可能会有晋升的障碍。

写好邮件，不是晋升的充分条件，但一定是必要条件。当你读一些高管的邮件时，会感觉，有一些邮件已经不只是邮件了，而是表达的艺术。

逐渐地，每一个重要岗位上的人，都将成为写邮件的高手。这就是土壤。这个土壤，又会继续逆向选择。写邮件，就变成了见面之外的"第二礼仪"。

第三，移动互联网来了。

移动互联网来了。WhatsApp 来了。微信来了。这种极高效的即时沟通工具来了。

我们说，邮件是异步沟通。我发邮件的时候，你不一定在电脑旁。我先发，你有空再看。但是即时沟通，是我拿着手机，你也拿着手机，我们实时对话。

即时沟通，当然比异步沟通效率高。但是，它也有缺点，那就是不结构化。所以说，各有优缺点。

但是，写不结构化的东西显然要更容易一些。

这就像做内容产品，从公众号到视频号，是势不可当的。为什么？因为写文章的难度，远远大于拿手机自拍。能拍视频的人，远远多于能写文章的人。所以，不管你有多喜欢公众号，视频号都是未来。

但是，我们是从不同的起点，走向那个未来。中国企业因为没有经历过完整的邮件时代，所以直接从电话时代走向微信时代。而美国企业呢，则是从邮件时代走向 WhatsApp 时代。

对中国企业和个人来说，从电话迁移到微信，太容易了。本质上，这两者都属于即时沟通工具。但对美国企业来说，从邮件迁移到 WhatsApp，就难很多，因为要从异步沟通迁移到即时沟通。这意味着，他们在邮件时代建立的所有社会共识和文化，都要被推倒重建。

所以，在中国，微信迅速变成了全部。而在美国，WhatsApp只是邮件的有益补充。

这就像信用卡和移动支付。

美国有极其完善的信用卡体系。所以，尽管 PayPal 来了，但是大部分人在大部分场合仍然在使用信用卡支付。因为这个体系太完善了，所以 PayPal 只是有益补充。而在中国，因为信用卡还远远不够完善，本来就不习惯使用信用卡支付的你，就直接跳过了这个阶段。

电商也是一样。今天，美国的线下零售非常完善，所以，尽管电商来了，它仍然只是有益补充。但中国的零售业相对较薄弱，效率还很低，所以电商一来，立刻对传统零售造成了摧枯拉朽的冲击。

尽管我们已经进入了即时沟通时代，甚至进入得比其他国更彻底。但我还是建议你要学会写好邮件。因为，那样的异步沟通，更能练习你的结构化表达，节省沟通双方的时间。

经常有人在微信上问我问题，我一般会回答：写封邮件给我吧。然后，然后经常就没有然后了。因为把自己的想法结构化地表达出来，这件事太难了。但是，它又非常重要。

祝你能写好邮件。

第四种：走动管理

你开了几次会，每次都会问：大家最近都在做什么啊？

有什么问题吗？结果没有人出声，大家都没问题，你觉得有点慌，总觉得潜藏着一些风险。

这说明你离工作现场已经很远了。那怎么办呢？这时你就要用第四种工具——走动管理。走动管理的意思是你不能天天坐在自己的办公室里，要经常走到员工中去，目的是"闻味道"，了解情况，展现亲和力。

你要把自己的办公室或者工位设在离茶水间或洗手间最远的地方，这样你每次走过去再走回来，自然都能路过所有员工的工位。这时你要想想，最近你和谁沟通得比较少。然后主动走到他旁边聊两句，问问他：项目最近进展得怎么样？你上次跟我说的那个困难，后来解决了吗？上次我们沟通过的问题，你后来想明白了吗？

走动管理能让员工感受到自己被重视，知道你在随时关注他的任务、关心他的细节。

走动管理的关键点，是在员工的主场沟通。这样的沟通比较随意，员工没有压力。想象一下，如果老板把你叫到他办公室，那是很正式的工作沟通，你多少会有些压力；如果老板路过你的办公室，和你随便聊一会儿，指导你几句，你在自己的主场就会感觉轻松多了。

第五种：例会

有时你走到员工面前问他：一切进展顺利吗？他说：

一切顺利，没问题。你说：挺好的，好好干。但是，没过几天就出了问题。你对他说：出了问题你怎么不及时跟我说呢？

遇到这种情况该怎么办呢？一定要开例会。很多经理认为，开例会这件事太费时间。但开例会所费的时间，和它解决的问题比较起来，这个投入是值得的。之所以有些经理会觉得开例会浪费时间，是因为他们不会开例会。

开例会最主要的目的，是设定项目检查点，并定期沟通。这其实是一种强制沟通，就是让大家把想说和不想说的问题都说出来，从而预先去解决问题。

有的公司每天早会做表扬和分享，讲活动政策，夕会指出问题并复盘。公司和部门如果不能每天开例会，至少要开周会，这样大家才能互通有无。至于月会、季度会、年会，更是必不可少。

开例会的关键点，是一定要会前有计划，会后有纪要。

开会，是一种用时间换结论的商业模式。开会的投入是所有与会者的时间成本，开会的产出是会议得出的结论。

$$一场会议的价值 = 结论 - 时间成本$$

因此，一场会议要想实现高效，要么结论足够有价值，要么时间成本足够低。想要结论有价值，就要在开会之前确定要讨论的事情，会上只讨论与主题相关的问题，每个人可提前准备；开完会之后要有会议纪要，目的是让结论成文，便于上级和平行部门了解情况，也能让与会者统一认识，指导工作。

读完管理大师马歇尔·戈德史密斯的《习惯力》一书，我意识到，要把会开好，营造畅所欲言的氛围，经理还要注意，停止说"这行不通"。当你的下属跑过来和你沟通，说"经理，我觉得这件事情可以这样解决……"时，不要下意识地脱口而出"这行不通"。

某著名互联网公司的老板就是这种心态。在获得了巨大成功之后，公司想要谋求新的发展，需要探索新的领域。下属和老板说，公司可以去做这些事情。结果老板连续问了三个问题：你想过这件事情吗？你想过那件事情吗？你想过其他事情吗？这根本行不通啊。听完三个问题，下属惊出一身冷汗。在这家公司里，几乎没有人能扛住这位"聪明"老板的连环三问，这家公司的创新也因此进展缓慢。

"这行不通"背后的心智模式是什么呢？除了想要证明自己更聪明、更有经验，还有一个原因是想要树立自己的权威，表明自己有精确的判断力和强大的否决力。这种说法最大的问题，是负面情绪会像瘟疫一样向四处蔓延，大家见到这种"聪明"老板，会自觉地躲开，退避三舍，不和他讨论。

因为无论说什么，他最后都是一句话"这行不通"。而当他说出这句话时，就相当于在自己的办公室门口挂上了"请勿入内"的牌子，硬生生把人拒之门外。

第六种：看板

开会时大家纷纷表态——这个项目我们要好好干，气氛热火朝天。突然有人对你说：我这部分干完了，你那部分得交给我了。你说：啊？我还没有结束！对方震惊：你怎么还没搞定？我在等你呢！

碰到这种情况怎么办？准备一块白板，把项目的进展展示到白板上，目的是让大家同步展示，知道彼此的进度。

那具体怎么做？

如果是销售团队，把每个人的业绩目标贴在白板上，假设是300万元，每完成10万元就贴一颗小红心，随时更新，让大家知道彼此的进展。

如果是项目团队，可以用瀑布流展示（见图4-6）。

如果是生产团队，白板上主要展示每天、每周的进度，离目标还有多远。

看板的关键点，是用数字、时间、百分比进行展示。这能给大家带来成就感或压力。

看板要有直观性，如用红灯表示有问题，用黄灯表示有危险，用绿灯表示还不错。

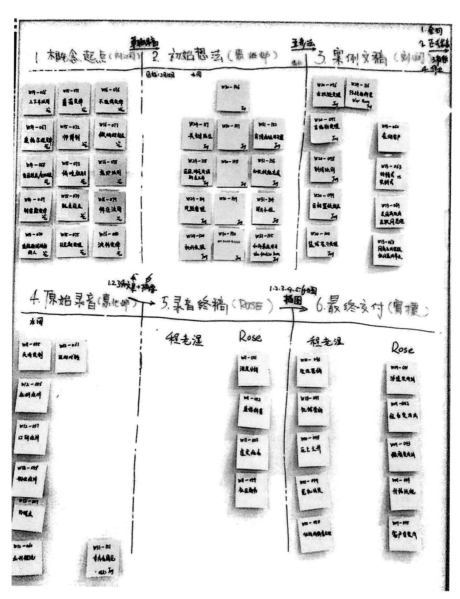

图 4-6 瀑布流示意图

第七种：周报

员工总是不复盘，不做计划，于是，你强制大家每周五对本周做复盘，对下一周做计划。

周报的做法是：常规事项只写一条，新事项每周都要写。即便这周同样是打了 30 通电话，也要想想这 30 通电话是怎么打的，和上周有什么区别。这样才能让大家互相学习、共同提高。

周报的关键点，是经理要以身作则。只有你带头写，员工才会有写的动力。

读到这里，大家可能发现了，要做好管理，经理是偷不了懒的。可能有人会说，管理好复杂，而且不性感，太难了，能不能不做呢？不做也可以，那经营得好不好，就要靠运气了。

有些事情我们必须做，尽管它很难。但难走的路，从不拥挤。

小
结

君子性非异也，善假于物也。沟通要善用工具。

最基本的沟通工具有七种：一对一沟通、即时沟通、电子邮件、走动管理、例会、看板、周报。

也许有些工具你已经在用，也许有些工具你用得还不够熟练。不妨先从两种工具着手，逐步从熟悉到精通，把最基本的招式耍得虎虎生风。

学员案例与感悟：

范俊　我和员工的主要沟通方式是一对一沟通，这种方式确实能让我发现很多员工日常工作中我看不到的问题点；还能通过不同员工的立场和角度，还原比较真实的工作现状。有个仓库员工，我看他一直很消极，想过劝退他。经过和不同人的沟通，我发现他因为一些人际关系上的小问题，和主管有矛盾。于是我从中协调，使两个人缓和了关系，该员工的积极性明显提高了。

涂发胜　在周报中复盘是很好的方法。为什么听了这么多道理仍然过不好这一生？我认为很重要的一个原因是没有形成闭环，没有复盘。只有不断复盘和优化，才能取得叠加式的进步，而不是每次都在重复。

小光　低维度的沟通，尤其是一维沟通，因为信息不全，一定要注意缺失的那个"情绪维度"。

与领导沟通，尤其要注意这一点，因为领导与你进行文字沟通时，通常很少用表情。有时候领导用微信问了一下你的项目进度，他可能是在表达对你项目进度的不满，也可能只是单纯地在问你进度，抑或是在关心你，向你示好。如果你的项目有一点延期，千万别自己瞎揣测领导的意思。面对这种情况，要努力做到把沟通"升维"，打个电话汇报一下，或者去领导办公室面谈。

我曾经掉进过这个坑里，合伙人在群里跟我说了一句中性的话，当时正赶上我心烦，就"曲解"成他在找我的茬，差点一个电话打过去跟他鱼死网破。后来我冷静下来，问了几个关系不错的同事，他们纷纷表示合伙人说的这句话没问题，是我太敏感了。

虽然情绪往往比逻辑跑得快，但也要用理性把情绪拉回来。面对不完整的信息，别自己瞎想，冷静下来，再次确认，把信息补全才是第一要务。

流程、制度、价值观：穿越时间的沟通机制

经理跟员工讲清楚，需要降维沟通。如果经理希望提高沟通效率，想跟众多员工和未来的员工一次性讲清楚，该怎么办呢？

员工来问你，经理这件事该怎么做，你耐着性子跟他说：这件事得这么做，记住了吗？员工说记住了，也做对了。过了一段时间，同样的事他竟然又做错了。你特别恼火：我不是跟你讲过了吗，怎么会做错？但该教还是得教。又过了一段时间，你招了一个新员工，新员工又问这件事该怎么做，于是你又讲了一遍。每天被这样的事情烦扰，这是新任经理经常会遇到的问题。

当你每天跟不同的人讲同一个问题，甚至对同一个人一遍又一遍地讲同一个问题时你会觉得越来越痛苦。为什么沟通会反反复复？

是因为讲得还不够清楚吗？不是，你已经学会了"为什么""是什么""怎么做"的表达逻辑，也熟练掌握了沟通的七种工具。你的问题在于一遍又一遍地重复沟通。为什么？

新员工遇到这个问题，以及老员工过段时间遇到同一个问题，是因为"以前的经理"没有和"今天的员工"沟通过。这话听上去有点拗口，意思是说，以前的经理没有意识到一件事：沟通不仅要面对今天的员工，也要面对未来的员工。过去的你没有和今天的员工做好沟通，所以，你今天就陷入烦恼了。

很多经理一直在用穿越空间的沟通工具——语言，但没有用穿越时间的沟通工具——文字。

用文字和"明天的员工"沟通

语言和文字有什么区别？

我曾去过秘鲁这个国家。秘鲁孕育了印加文明，这种文明非常了不起，创造了世界新七大奇迹之一的马丘比丘。印加文明有个特点，只有口头语言，没有书面文字。这种文明一直是口口相传的。

只能说不能写会带来一个问题：前人所做的很多沟通，

后人不知道。这样一来，宝贵的经验教训就会大量流失，文明就很难向前发展。当西班牙人抵达南美洲大陆后，他们仅凭 100 多个殖民者就把印加文明彻底摧毁了。这是只有语言，没有文字带来的悲剧。

语言是穿越空间的沟通工具，文字是穿越时间的沟通工具。很多文明无法流传至今，正是因为它们没有文字，因而无法穿越时间。

为什么青史留名的作家比演说家更多？因为演说家的沟通工具是语言，而作家的沟通工具是文字，文字能够穿越时间。

这给我们的启示是什么？今天的员工之所以没有做好，是因为你昨天没有和他沟通。这已经挽回不了了。我们经常说，种一棵树，最好的时间是十年前，其次是现在。现在你要懂得跟"明天的员工"进行穿越时间的沟通。

所谓穿越时间的沟通，就是形成书面的流程、制度和价值观，让沟通可以穿越时间。流程、制度和价值观都是面对未来的沟通工具。

优秀方法、做事边界、决策依据

流程，是让方法论穿越时间的沟通工具；制度，是让合规性穿越时间的沟通工具；价值观，是让决策力穿越时间的沟通工具。那我们怎么用这三种工具呢？具体见图 4-7。

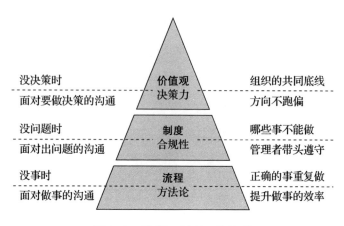

图 4-7　流程、制度、价值观

流程

什么是流程？流程，是方法论穿越时间的沟通工具。流程可以清晰地告诉你第一步、第二步、第三步怎么做。制定流程的目的是提升做事的效率，把正确的事重复做。

整个公司就是个大流程，公司的小团队有自身的特殊性，有自己专门做的事，要给自己制定专门的小流程。制定小流程有个办法，叫"最佳实践"。

举个例子，我们公司润米咨询要写自己的微信公众号文章。写公众号文章的方法论和写《5分钟商学院》课程的方法论不太一样，我们不断尝试，每次有高阅读量的文章出现时都会总结，最后形成了一套实用且高效的写公众号文章的流程。

第一步，找到灵魂。如果读者读完一篇文章之后，能够收获一个感悟、一种认知或一套方法，那么感悟、认知或方法就是这篇文章的灵魂。

第二步，设计骨架。骨架是文章的逻辑结构，骨架要清晰连贯，瀑布式地一路到底。

第三步，加入血肉。要往文章里加入案例、数字和故事，这样才能让文章变得丰满、有可读性。

第四步，穿上皮肤。所谓皮肤，是指对文章的措辞、分段、关键句进行优化。

这四步就是我们写公众号文章的流程，新员工一旦加入润米咨询的新媒体部门，就要按照这个流程来写文章。昨天写好的流程，能够教今天的员工怎样写作。因此我们说，流程是让方法论穿越时间的沟通工具，流程能避免重复造轮子。

制度

什么是制度？制度，是让合规性穿越时间的沟通工具。制度会把丑话说在前头，提前告诉员工哪些事不能做，做了会怎样；制度也会告诉员工哪些行为受到鼓励。

有的制度，比如 9 点要准时上班，员工很难理解：为什么我一定要 9 点上班？我 10 点上班，7 点下班不行吗，我不也工作了 8 小时吗？

所以你还要讲清楚，这项制度背后的逻辑是大家要实现协同工作，这就需要大家在同一个时间段里做事，以便随时能找到人。如果别人9点上班，你10点上班，那别人9点找你合作是找不到的；同样，别人6点下班，你7点下班，那你6点半找别人合作也往往是找不到的。所以，大家基本在同一个时间段上班，是协作的重要基础。

那么，流程和制度的区别是什么呢？

我听说过一种关于"章法"的巧妙解释："章"是制度，"法"是流程。

"章"（制度），是规定，是契约，关注的是什么能做，什么不能做；"法"（流程），关注的是做事的方法、做事的顺序，是如何做。

当你有了制度，有了流程后，恭喜你，你就是一个做事有"章法"的人了。

价值观

价值观，是让决策力穿越时间的沟通工具。时刻牢记价值观，方向才能不跑偏。

价值观沟通的是决策依据。每个人每天都要做出很多决策，不可能做到全都经过彼此沟通。那怎么才能保证方向不跑偏呢？我们需要确立一个价值观，作为未来所有决策的依据。

王石曾给公司定下底线，绝不行贿。有赞公司在初创期就定下价值观，"绝不收客户的礼"。

为什么不收礼？一方面，公司为客户服务是应该的；另一方面，一旦收了礼，公司做事的立场就会有偏颇，所以"绝不收客户的礼"。

树立了这个价值观后，大家做事就会保持高度的一致性。有客户送礼，就会说"对不起，我不能收礼，也不该收礼"；如果客户不打招呼就寄过来，有赞会把礼品放在展厅或过道里售卖，售出后再把钱捐出去做公益。这样，大家就共同维护了做决策的底线。

我们润米咨询也有两个重要的价值观：舍满取半和正直。李嘉诚先生说，他可以赚 8 分，但他只赚 6 分。剩下的 2 分是对社会的善意、对世界的存款。所以，和别人合作，每件事情我们都会想办法做到最好，然后舍满取半。你对世界释放更多的善意，才会收获更多的情感账户。赚钱和正直如果发生冲突，我会选择正直。曾经有人找我"合作"，说钱已经准备好了，能不能在文章里面加一句拉踩竞争对手的话，随便怎么写，只要写了就行，但我们不会接受。

所以记住，流程、制度、价值观的背后，其实是一种沟通机制。它们沟通的是什么？我们把今天优秀的方法、做事的边界、决策的依据，和未来的团队做了一次沟通，这是跨越时间的沟通。流程偏重于执行的方法，制度偏重于行为是否犯错，价值观偏重于决策是否偏离了方向。

小结

经理沟通的对象，不仅是今天的员工，还有未来的员工。

流程，是让方法论穿越时间的沟通工具；制度，是让合规性穿越时间的沟通工具；价值观，是让决策力穿越时间的沟通工具。

所有的文字，都是语言的子集，都是蹩脚的。文字可能产生歧义，但是歧义不能掩盖文字的巨大意义。我们可以不断修正文字，但是不能没有文字，没有面对未来的沟通工具。

流程和制度的演化过程，是一个从没有到复杂，到精简，再到精妙，然后推倒重来的循环过程。

这就是我们面对未来的一套沟通机制。每个员工和经理，都要知道流程、制度、价值观的底层逻辑，要懂得利用这些工具面对未来做沟通。

学员案例与感悟

EdenWang　之前我对价值观是不太感冒的，认为它比较虚，是高层领导谈的东西，对我们这些在一线干活的人来说没什么大用。但是后来跟一个大厂的朋友聊天，他说在他们做决策的时候，如果遇到两种方案都可行，从技术、市场、成本等方面都无法做出决断的时候，那么最后的判断依据就是价值观。我听后感觉比较震撼，我突然理解了，原来价值观是一个公司之所以成为今天的样子，未来又会成为什么样子的底层逻辑。

周树涛　不要每天重复同一个故事。

把方法固定成流程，这样就不用一遍又一遍地培训方法；

把规则制定成制度，这样就不用一遍又一遍地宣贯规则；

把判断依据提炼成价值观，这样就不用一遍又一遍地指导决策。

小光　公司规定追回来坏账，会有相应的提成。有些项目经理很"聪明"，跟甲方合谋，故意不让甲方按时给钱，等形成坏账了，项目经理催讨之后甲方再付钱，最后公司给的提成由项目经理和甲方平分。不少制度的出发点是好的，但执行起来就变了味。只靠制度管理，是远远不够的。企业文化就是这些漏洞、这些规则之缝的终极补丁。

能接受：避免阳奉阴违

我们讲完了沟通要做到的"想明白"和"说清楚"，接下来讲第三部分"能接受"。

在跟员工沟通完之后，你有时可能会觉察到他流露出了"凭什么是你当经理？"的情绪。你发现你跟他说什么事，他总是持拒绝的态度，甚至当面质疑你，要么就是阳奉阴违。

但事情总得做，"惹不起，躲得起"不是长久之计，那怎么办？有些人选择了一种办法——树立权威。

"他为什么这样对我？我到底做错了什么？"你先是觉得委屈，再发展成愤怒，然后开始新官上任三把火，杀鸡儆猴，从而树立权威。

服从性测试

有的人是这么树立权威的，他跑过去跟老板说：老板，我要和员工区别开来，我要一间特别大的办公室。为什么？员工进入办公室之后，看到经理坐在大椅子上，自己坐在小椅子上，立刻会明白双方地位的不对等，利用这种形式上的不对等造成心理上的不对等，可以形成一种压制。

还有的管理者喜欢带随从，让下级帮他拎包、打伞、开车门。有一次我在机场摆渡车上遇到一个人。他一坐下来就发微信骂助理：你怎么把我的箱子收拾得这么重？里面都放了什么东西？你怎么不和我一个航班？真是没有脑子。这时，他看到另一个人上了摆渡车，态度立刻就变了，恭恭敬敬地上前帮忙把箱子拎上车。我猜这个人一定是他的领导。

　　有些经理甚至喜欢逼员工喝酒，要求员工在他们面前把三杯酒干掉。

　　还有些经理喜欢用言语营造压迫感，制造不平等。例如，"我不明白你在说什么"，这句话其实是在对员工表达一种极度的不耐烦：你在说什么，连你自己都没有想清楚，就来找我说。

　　有些经理会对员工说"直接讲重点"。下属正在会议室里满心期待地讲着自己的计划和方案，精美的 PPT 还是昨晚通宵加班做的。但是经理才听了几句就不耐烦了，一直催促着说："下一页，下一页……不用说了，我自己先看一看……再下一页，嗯，好，我看得差不多了，你直接说重点。"这句话背后的心智模式，是想表达你说的全是废话，你说的我全都不关心，别浪费我的时间了。这是想告诉别人：我的脑子转得特别快，我已经知道你想说什么了，你根本不具备用最有效的方式表达观点的能力。

　　当一个经理说出"我这人说话比较直"时，看上去他好像是想说我是个直接的人，其实他的潜台词是：下面我说的话可能会伤害到你，但是对不起，我对此毫不在意。而说出"我就是这样的人"的人，则是把自己的缺点标榜为特点：也许这是我的缺点，但是对不起，我不打算改了。会说这两句话的经理，放弃了用员工更能接受的方式去沟通交流，也放弃了改变自我的意愿。

以上这些言行都会形成一种压制，属于服从性测试，目的是强化地位的不平等，树立自身的权威。有些经理是无意识间这么做了，他们是被不良的职场文化潜移默化地影响了。有些经理则是刻意进行服从性测试，他们往往还会有后续的手段——如果不服从，我就开除你，让那些愿意服从的人来做这件事。

可是，这样有用吗？

没用。这些"树立权威"的办法，本质上都是通过服从训练来提高"阳奉度"（就是表面上奉承你的态度），但是无法降低"阴违度"（背后他不做你指派的任务或只是假装做了任务的态度）。而员工阳奉阴违，是不能把事做好的。所以，这些"树立权威"的办法是没用的。

甚至，今天面对"90后""00后"的年轻人，这些办法连提高"阳奉度"的效果都没法达到。

网上流传着关于不同年龄段员工离职原因的种种说法：

"60后"：什么是离职？

"70后"：为什么要离职？

"80后"：有收入更高的工作，我就离职。

"90后"：领导骂我，我就离职。

"95后"：感觉不爽，我就离职。

"00后"：领导不听话，我就离职。

今天你还敢用服从性测试来树立权威吗？从"90后"

开始就不吃这一套了。树立权威的本质其实是降低接受的成本,"我说了之后你们就必须执行"。很多公司一直在强调执行力,这对"60 后""70 后"是管用的,因为"60 后"是不辞职的一代,"70 后"是不敢辞职的一代,他们为生活所迫,必须"阳奉"。可是现在不同了,面对今天的员工,你没法强调执行力,因为他们不听你的。

建立足够的信任

一味地强调执行力的原因是"领导力"的缺失,无法让员工接受自己的决策。员工之所以不接受你的决策,通常并不是因为对这个决策本身有异议,而是他不能接受你,他和你之间没有基本的信任。

经理实行服从性训练,效果是有限的:第一,只能对一部分下属有用;第二,只在一段时间内有用;第三,只是表面有用。

我们在前面讲过,恐惧这种张力,虽然强烈但是短暂,一旦逃离了你给他制造的恐惧之后,员工就不会再听你的了。比如有一天,他调到了别的部门,就再也不会理你了,因为他逃离了恐惧;或者有一天,他发现自己不在乎这几个工钱了,虽然还在你的部门,他也不会听你的了,因为他要逃离恐惧。

那怎么办?请你反过来想,反求诸己:员工不能接受,是不是因为我没有让他产生足够的信任感？你做到了想明白、讲清楚，最后一定还要让员工能接受，而不是强制其执行。

权力是接受者赋予的，员工只要不接受，管理者就没有权力。我们在前面讲过，如果员工不能理解，他就不会用脑，只会用手；如果员工不能接受，他就不会用心，只会用脑。我们一定要让员工的手、脑、心同时使用，最大化发挥他们的创造力。

那具体怎样做才能让员工接受呢？

让员工接受的四个办法

除了之前介绍的四种话术，你还可以用四个办法让员工接受（见图 4-8）。

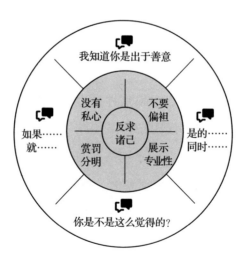

图 4-8　四种话术、四个办法

没有私心

信任来自员工对你的品德的信赖，以及对你没有私心的肯定。所以，你一定要反求诸己，看看自己在与员工沟通的时候，是不是藏了一些私心。比如这件事是有助于你升职的，所以你安排员工去做，这就是所谓的私心。

所以，你要在刚认识员工的时候，展示自己的品德和没有私心。在这个位子上，你会对大家共同的业绩负责，但你对用不良手段获得业绩这件事完全没有兴趣，你要用实际行动来证明这一点。

不要偏袒

经理应该不偏袒那些经常在他身边的人，不偏袒那些对他好的人，不偏袒那些主动谄媚他的人。

怎么才能做到不偏袒？经理不要跟任何一个员工走得太近，一旦走得太近，就容易造成偏袒。就算你觉得自己没有偏袒，别人也会觉得你有偏袒。

比如有个部门的员工与经理走得很近，每隔几天就会关起门来讨论事情，常常大声说笑。这给人的感觉就很不好，不仅已经越过了上下级关系，而且还可能造成员工"干政"的风险。再如，经理单独邀请员工到家里吃饭，越级透露信息，与下属谈论另一个下属的过失，这些都属于亲密无间的事，最终效果会适得其反。

赏罚分明

经理需要具备严厉的一面，就是有赏有罚，不懦弱。很多经理喜欢表扬和奖励员工，因为员工受到表扬和奖励后会很感谢他，他很享受这个过程。

但是，员工犯了错误之后，他却不敢惩罚，因为惩罚可能会引起冲突，很多人是害怕冲突的。一旦不惩罚那个犯错的人，做对的人就会觉得特别不公平。他们就会因为你的懦弱而不敢相信你。

所以，经理要敢于惩罚错误，要做到赏罚分明。

展示专业性

经理可以先通过做对小决策，来展示专业性。第一次决策，大家没想到你居然是对的。第二次决策，你还是对的。如果你连续做了三次决策，都是对的，他们就会觉得你这个人很厉害。大家跟着你不就是为了把事做成，共同分享利益嘛！

如果你总是对的，他们就不会质疑你的专业性了，就会愿意听你的。

小结

○ 沟通的要义是想明白，讲清楚，能接受。

○ 服从性测试有用吗？没用。你只能获得阳奉，它的副作用是阴违。如果你的下属是年轻人，甚至连阳奉你都得不到。树立权威，不是耀武扬威。

怎么办？你要反求诸己：员工不能接受，是不是因为我没有让他产生足够的信任感？

除了第 1 章讲的四种话术，还可以用四个办法提高员工的接受度：没有私心、不要偏袒、赏罚分明和展示专业性。

学员案例与感悟

怀宽　我和员工商量工作计划的时候，经常说"不"，结果就是后来大家光听我讲，不再说自己的想法，这比我说"但是"还要严重。面对很多难搞定的客户，我以身作则，自己去攻坚，但这也带来了一个问题：一旦碰到难搞定的客户，员工就把难题丢给我。这个问题的根源是我没有和员工沟通好，没有通过问题引导的方式将销售方法变成员工自己的结论。而且我赏罚不明，当员工没拿下新客户时，他们自己的利益却没有多大损失，他们自然就不会往前冲。此外，我和员工称兄道弟，也导致我无法做到赏罚公正。润总的这次讲授，让我明白在很多方面自己都需要做出调整。

大树　我的部门里有两位老员工是老领导培养起来的，

他们在心里从没有把我当成领导。我忍住了把他俩调走或开除掉的冲动，毕竟他们挺能干的。同时，我采取了一系列措施。

先是向上沟通。我也是老领导培养和提拔起来的，我就直接找老领导说明问题，寻求支持，让老领导敲打他们，至少工作上不能越级汇报。即使他们是老领导的耳目也无所谓，至少在正式的工作上，要承认我的领导地位。

再是向下处理。我坦诚地与他们交流，表达对他们的尊重，并强调他们对我的重要性。同时，我还分析利弊，指出我坐这个位置比陌生人空降对他们更有利。此外，我也明确表示，在公事上我没有私心。

结果还不错，至少在表面上，这两位老员工在公开场合已经能够接受我的领导了。

第 5 章

协作

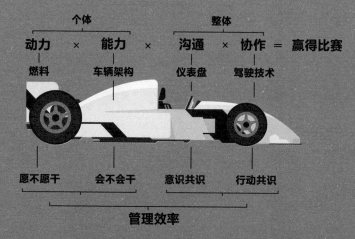

个体 | 整体

动力 × **能力** × **沟通** × **协作** = **赢得比赛**

燃料 | 车辆架构 | 仪表盘 | 驾驶技术

愿不愿干 | 会不会干 | 意识共识 | 行动共识

管理效率

突破自然效率

执行靠闭环

靠谱就是做到三件事

3W 方法，"工具 + 流程"

提高靠循环

可以不完美，但不能不提高

PDCA 循环

用 PDCA 提高客户满意度

发展靠规划

仅靠战术上的勤奋，打不下明天的山头

看五年，想三年，认认真真干一年

健康靠文化

社会协作离不开人性、道德和法律

打造健康生命体的三个建议

格局靠授权

心里多装人，授予决策权

授权的五个级别

效率靠流程

把复杂的事情、类似的决策标准化

流程的建立、优化和固化

简单回顾一下。在目标是"突破自然效率"的这辆赛车里，动力是燃料，能力是车辆架构，沟通是仪表盘，协作是驾驶技术。这四样东西的高效合作，才能赢得胜利。用一个公式表示，就是：

$$管理效率 = 动力 \times 能力 \times 沟通 \times 协作$$

前面几章，我们讲完动力、能力和沟通，接下来的这章，我们主要讲协作。

如果说沟通的目的是要达成团队的意识一致，那么协作的目的就是要达成团队的行为一致。

从员工晋升到经理，过去的你很擅长做一名出色的乐手，现在的你则更像是乐队指挥，指挥整个乐队的演出。

什么是指挥？

指挥是团队中的灵魂人物，通过指挥的协调，部门的所有人能发挥出最佳潜能，做出最好的贡献，从而达成部门的目标。

执行靠闭环

很多新任经理有过这样的经历，你给员工交代了一件事，之后就石沉大海、杳无音信。后来你忍不住去问他，他就说："对不起对不起，我忘了。"你非常恼火，说："这么重要的事情，你怎么能忘了呢？"他说："那我赶快做。"

还有些时候，你去问员工事情做得怎么样了。他觉得很奇怪，说自己已经做完了。你责问他："你做完了怎么不告诉我一声？"他没有顶嘴，但觉得很惊讶：我做完了还要再告诉你，这不是浪费彼此的时间吗？

你很痛苦，觉得员工特别不靠谱，有时他忘记做了，有时他做了又不告诉你，你也不知道任务到底有没有完成。不靠谱，本质上是出现了管理漏洞，这个漏洞看上去很小，它有个名字叫作"不了了之"。"不了了之"看上去是小事，但是可能造成最重大的管理问题。今天是纸巾不见了，明天可能是数据不见了，后天可能是重大资产不见了。

靠谱就是做到三件事

"不了了之"或者不靠谱这个问题，是员工的错吗？可以说是，也可以说不是。

为什么是？罗振宇老师曾对"靠谱"这件事做过解读。靠谱就是做好三件事：凡事有交代、件件有着落、事事有回音。这话讲得特别好，引起了很多人的反思（见图5-1）。

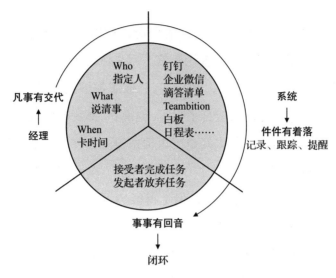

图5-1　靠谱就是做好三件事

但也有创业者反映，他把这句话贴在墙上了，并且要求员工一定要做到，但他们就是做不到。他心想：难道这句话不对吗？还是这句话只是好在充满韵律感的排比句式上？

我们可以希望每个员工都做到这句话，但不能要求他们必须做到。因为这个要求对员工来说太高了。

如果你只交代员工一件事还好，做到靠谱并不难，但如果你交代他3件事、5件事、8件事甚至20件事，这就会带来两个问题。

第一，从数量上说，根据米勒法则，一个人的大脑最多能同时记住大约7件事，一般人只能同时记住3件事，但你一下子交代了他 10 件、20 件事，他是记不住的。

　　第二，从重要性或难易度的角度来说，你交代他的事情可以分为大事、小事，或者困难的事、简单的事，还可以分为慎重交代的事和随口一说的事。员工可能会权衡，先做大事、重要的事、紧急的事，过段时间，其他事他可能就忘记了。

　　你做到了凡事有交代，但当员工连你交代的任务都可能没记住时，后续的件件有着落、事事有回音自然也就不可能实现。那怎么办呢？

　　如果你真的期待凡事有交代、件件有着落、事事有回音，你就要记住，它不应该靠你对员工的期待去实现，而是要引入一种工作方法——闭环。

　　执行靠闭环。

　　我们先来看一个故事。我从 2013 年底开始给海尔做战略顾问，跟海尔打过很多交道。有一次我的同事给海尔的前台打电话，说要找某某经理。前台说暂时没查到，一会儿回电。我打过很多公司的电话，一般情况下前台说回电是不靠谱的。结果半小时后海尔的前台回电了，说这个部门确实没有这位经理，很抱歉。

　　当时我都震惊了，这么大一个公司，前台每天都会接到无数的电话，这样一件小事都能及时回电，说明他们很可能真的做到了件件有着落，事事有回音。

　　一件事有了始，就一定要有终，有了起，就必须有落，这就叫作闭环。

在一个团队里，建立闭环的工作方法，让任务有始有终，是协作的起点。让任务完成得越来越好，是协作的更高境界。

那么，怎么实现任务的闭环？

闭环，就像是 4×100 米接力跑。上一个人跑完，把接力棒交给下一个人，而不是往空中一扔。下一个人必须拿到接力棒再开始跑，才有效。所以，闭环里必须有一个明确的"交棒"的过程。

"交棒"过程可以非常简单，但必须有。比如，从回复"收到"开始。

有人在群里说，大家记得明天交报告啊。群里鸦雀无声。但他自己觉得，我已经说过了，第二天不交就是你们自己的问题了。这就是"把棒往空中一扔"。

润米咨询有个约定，也许可以供你参考。当有人在工作群里 @ 一个人时，这个人必须快速回复"收到"。这个"收到"，表示 @ 者表达的观点，对方听到了；交代的任务，对方接受了；给出的时间表，对方明白了。群里的其他内容，你可以慢慢看，但是 @ 你的内容，你必须快速回复"收到"。因为这就是一次"交棒"。只有一次次不落空的交棒，才能保证任务走完自己的生命周期，完成闭环。

这只是一个小办法，保证接力棒不落地。那么，构建一个完整的任务闭环"凡事有交代、件件有着落、事事有回音"，应该怎么做？

给你介绍一个 3W 方法。

3W 方法，"工具＋流程"

构建一个完整的任务闭环，分为三个步骤，正好对应了罗振宇老师的三句话。

第一步，凡事有交代。

交代一件事，是经理的工作。怎么交代呢？

记住一句话：谁在什么时间点前做完什么事情（Who do what by when）。我们也称之为"3W 方法"。Who 就是指定人，What 就是说清事，When 就是卡时间。

首先，经理必须交代清楚由谁来做。你不能说这件事"你们"去做一下。"你们"是谁？只要你没指明具体由谁来做这件事，就可能没有人来做。

如果任务需要几个人来协作完成，那么就分解任务，分别指派每个人做什么。而不是说，你们一起把这件事做了。因为，责任除以 2 等于 0。

其次，经理必须说清楚事情。你不能对员工说，最近形势不好，你去研究一下。员工听了会一头雾水。你要讲清楚，比如：你去研究一下，"95 后"对化妆品品类的需求发生了哪些变化。这是一个比较明确的"事情"。

最后，经理交代任务时一定要说明最后期限。

我们经常对员工说：×××，你有空时帮我把什么事情做一下。什么叫"有空时"？没有具体的最后期限，可能就永远不会有有空的时候。

这世界上的工具可分为两种。一种是想用就用的"主动工具"，比如螺丝刀。主动工具想用就拿出来，不想用也可以不用。主动工具可以在你想工作的时候，帮你提高工作效率。但是，主动工具不能帮你"想"要去工作。

另一种是不用不行的"被动工具"，比如流水线。配件在传送带上一直往前走，你无法叫停整体进度，唯有配合。被动工具可以把你的个人能力放到大局中，使你在他律中不断调校自己，从而与你携手前行。

很多人"深受触动，但没有行动"，是因为他们有一大箱的主动工具，却没有一件被动工具。

"最后期限"，就是最典型的被动工具。

老板让你写一份报告，你构思了好几天，然后打算用悬挂式提问开头（这是主动工具），用三千尺瀑布的逻辑势能梳理报告的逻辑线（这是主动工具），用峰终定律"上价值"来结尾（这还是主动工具），但是一顿构思猛如虎之后，你什么也没写。脑中已千回，纸上无一字，这是为什么？

因为你缺一个最后期限。

第二步，件件有着落。

"凡事有交代"的主体是经理，"件件有着落"的主体是系统。系统就是"工具 + 流程"。如果没有系统会怎样？你就会天天追着员工问进展，这件事怎么样了，那件事进度如何。这样做的前提是两个人都得记住任务，而记忆是很不靠谱的。所以，要把记录这件事从你俩的脑海中拿出来，交给靠谱的工具。

今天我们有各种各样的工具，如企业微信、飞书、钉钉、白板、进度跟踪邮件、贴在电脑上的小纸条、便利贴、日程表等。经理说完事情，让秘书记下来，盯着进展，这样的工作跟进系统也是个办法。

举个例子。"刘润"公众号一年要发表 365 篇原创头条文章。这 365 篇文章涉及几百名被采访对象、上千个候选选题，所以随时都有十几篇文章在主笔和编辑之间来回流转，非常容易出错。那么，如何保证每一篇文章都"件件有着落"，而不"掉在地上"呢？

用工具 + 流程。

我们在公司的系统里建立了一个"写作"的瀑布流，分为四步：新选题、写作中、待发布和已发布。

我的工作是把我在咨询、私董会、游学参访、采访交流中获得的感悟，用语音的方式录成选题，放到"新选题"泳道里。每周五下午，主笔要从这个泳道里调走下周要整理写作的文章，并拖到"写作中"的泳道里。写完并得到编辑确认后，移到"待发布"的泳道里，等待排期。等文章正式发布后，移到"已发布"泳道里，留存备份。

我的任务，是保证"新选题"的泳道里，始终能有几十个可以写的选题，供主笔挑选。如果选题太少，说明我最近不够勤奋。

主笔的任务，是保证按时按质地把选题变成文章，并送入"待发布"泳道。他们最大的"对手"是编辑。因为编辑守在"待发布"的门口，检查每一篇文章。不合格的，就会打回重写。

对编辑的要求，就是保证"待发布"的泳道里有足够多的高质量文章，随时可以发布。只有足够多的高质量文章，才能保证公众号的运营安全。数量少了、质量不高，一定是管理上出了问题。

有了这么一套"工具＋流程"之后，你会发现，每天有大量的文章，在不同的泳道里来来回回地跑动。但是，不会有任何一篇文章"掉在地上"。

这就是"件件有着落"。

第三步，事事有回音。

一旦任务启动之后，只有两种可能，第一种可能是接受者完成任务，第二种可能是发起者放弃任务，没有第三种可能——不了了之。

不了了之，就是任务没人做，也没人查。大家就当没看见，这是绝对不可以的。

在有的公司里，很多事情都是不了了之的。经理交代的事情，过段时间后自己可能就忘了，员工也不提，这件事最后就神奇地消失了。

任何一件事情，在公司里都不能消失。我们说，消失就是被"空气吃掉了"。空气今天能吃掉不重要的事情，明天就能吃掉重要的事情。

所以，一个好的管理者，绝不能允许任何一件事情不了了之。

那怎么办呢？

你可以改指定人，改事情，改最后期限，甚至任务也可以"明确"放弃掉，归入放弃这个目录里，但是不能被默默地删除。只要不删除，你一打开系统，就会看到那些还没有着落的事情。

凡事有交代，件件有着落，事事有回音。

做到以上这三件事，一个完整的闭环就形成了。一旦形成之后，一个个小闭环就会像无数个小轮子，推动团队和公司不断进步与增长。

小结　团队协作的目的，是高效完成目标和任务。协作就要有协作的界面，这个界面是一个个闭环。小的闭环形成不了，那后面的所有任务都会因为有漏洞而千疮百孔，那我们就先构建小闭环。

怎么构建闭环：凡事有交代，件件有着落，事事有回音。一个任务，要么接受者完成，要么发起者放弃，但不能没有回音，不了了之。

我们期待员工有"主动反馈"的自律，但不能把期待当成是要求，因此我们要有"被动提醒"的他律。

构建闭环是经理管理团队的基本功。

学员案例与感悟

李沫　我的领导是非常关注闭环的，最初我并没有重视起来，认为那么小的事就不用汇报了，我尽快完成就行。有一次领导对我说，我知道你会办好，但我在等你给我办好的时间节点，这样我才好继续推进下一件事。听完我才恍然大悟，之前把事情想简单了，其实很多任务是为下一步或者更大的任务做铺垫，需要对后面的环节有交代。

航哥很帅　任务如果经常不了了之，会造成以下两种情况：一是让接受任务的人觉得任务不完成也没事，领导不会说什么，以后的工作也可以不完成；二是质疑领导的权威性，这个任务也许就是个伪需求？领导怎么分配这种任务？

习习　有一种项目会完成得比较好，就是客户提出的时间紧、任务重的项目，一般得倒推时间来安排节点和任务。既然是客户重点项目，肯定有专门的项目负责人来盯进度，协调问题。所以，其实大家是可以按照流程做事的，但如果没有工具来帮助，大家就会懒散和懈怠。现在我们已经优化成敏捷开发模式了，周一会发出本周任务清单，将任务分解到每一个人；周中会有一次跟进，确认进度完成情况，有无需要协助的内容；周五有进度评审，如果没有完成，要说明被什么事情耽误了以及解决方案是什么。

鸣人　靠谱是可以练出来的。我们有个员工，之前非常不靠谱，交代给他的事，要么忘了，要么做完了不反馈。我每次都得追问，他才想起来告诉我。

于是，我刻意地去磨炼他，让他每天写日报，记录自己一天的工作；交代给他一个任务之后，每天问一次进度，他被问得烦了，就学会了主动汇报，即使没做完，也会给个时间节点；我还让他把手头的工作记录在 Teambition 里，这样我能够随时看到他是否完成，若是有需要我协助完成的工作，还可以把我添加为执行人。通过不断地磨炼，他慢慢学会了主动反馈，我与他的协作也越来越顺畅。有一次，看到一个难缠的客户在微信中夸他专业靠谱，我特别开心。

提高靠循环

上一节我们讲了"执行靠闭环"，因为没有闭环很多事就会不了了之。这一节我们讲"提高靠循环"。

我们先来看一个常见的误区。

很多人刚成为经理时最喜欢说一句话：尽力做好当下的每一件事，把它们做到极致，然后美好就会自然呈现。

可是，这句话对吗？

我认为，这句话其实并不对。这句话听上去很美好，但它还有一个俗名，叫"西瓜皮战略"。意思是，做好当下的事情之后，呈现出来什么就是什么。你估计结果是美好的，但万一不美好呢？这就像你踩在一块精雕细刻的西瓜皮上，滑到哪里是哪里。

为什么结果可能会不美好呢？

那是因为，你把每一件事都做得很好，但可能方向是错的。西瓜皮滑得越快，就越可能撞上南墙。

可以不完美，但不能不提高

再进一步说，当下的最好其实你也做不到。

刚升任经理的你大概率接到的不会是一支"梦之队"，因为"梦之队"通常不会被交到一个完全没有管理经验的人手上。所以追求当下做到最好，其实是不太可能实现的。而你的员工做不到，你会很痛苦。这一现实情况同样说明，追求当下的最好不是一个好战略。

其实，"最好"是一个终极目标，没有人可以一步达成。经理带领团队的时候，虽然心里装的是终极目标，但是行动上只能一步一步前行，争取做到每一步比前一步做得更好。这是每一个初任经理的人都要做的心态调整。

因此，好的战略是什么？不是追求"当下的最好"，而是追求"未来的更好"；不是把"最好"当目标，而是把"更好"（提高）当目标。

那怎么提高呢？靠循环。

我们在上一节讲过，凡事有交代、件件有着落、事事有回音，这就是闭环的核心理念。如果一组闭环首尾相连，且每一个闭环的业务水平都比上一个闭环的业务水平有所提高，我们就称之为循环。

闭环你已经学会了，现在要学会循环。在管理团队时，每一个闭环结束的时候，你可以接受不完美，但是不能接受下一个闭环的业务水平不提高。

PDCA 循环

人与人之间的差别所在，除了武艺，还有武器。丈八蛇矛再强大，也强大不过一支 AK47。我给大家介绍一个很好用的方法（武器）——PDCA 循环（又叫戴明环）（见图 5-2）。

PDCA，即周密计划（Plan）、严格执行（Do）、同步检查（Check）和及时调整（Act）。

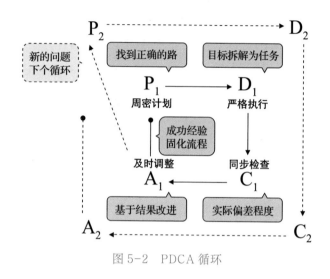

图 5-2　PDCA 循环

先来看一个案例。某家婴儿车公司的 CEO 接到了一个严重的产品质量问题投诉，句句在理，针针见血。CEO 非常重视，紧急召开高管会议，研究对策。讨论了几小时后，各部门都提了不少改进建议，CEO 也提了很多要求。CEO 对大家的态度很满意，最后做了总结陈词："不看广告看疗效，大家要立刻行动起来，散会。"

过了一些天，他问负责产品的副总裁："上次开会时，我让你派人去德国考察一下他们的质量管理体系，你们去了吗？感觉怎么样？"

副总裁说："啊？我正在忙质量改进的事，还没空想这件事，真要去考察？"

这么重要的事情，副总裁居然没把它放在心上。为什么会这样？并不是因为副总裁缺乏执行力，而是因为公司缺少"PDCA 循环"的管理方法。

CEO 的问题不是没有计划（Plan），也不是没有行动（Do），而是没有检查（Check），更没有调整（Act）。

PDCA 其实是不断循环提升的 4 个步骤。

第一步，周密计划。

我们来看一个送水的故事。A 和 B 都发现村子里缺水是个商机，那怎么办呢？A 组织了摩托车队，去附近的村子里运水，每桶水收 0.5 元，赚了一些钱。B 觉得这个办法不行，"天花板"很低。B 去联系了勘探队，一找果然有水源。但打井是要花钱的，他又找到附近的一家水厂，说我们村子里严重缺水，每天吃运来的水挺贵的，如果我们联合投资打一口井，然后通过管道把水引到村子里，这样不仅村民用水会很方便，自来水的成本也会更低，我们就能占领这个市场。B 的计划实施后，A 的摩托车队无利可图，不得不退出市场，B 靠自来水实现了长期盈利。

故事里的 A 说干就干，既然缺水那我们就送水。做好当下的每一件事，美好就会自然呈现。A 也确实赚到了一些钱，并因此认为自己是对的。可是 B 认真计划了整件事，笑到了最后。

这个故事告诉我们：通往利益最近的道路，可能不是最正确的道路。你必须一开始就把目光放长远，在看到更大的地图之后，规划出那条最正确的路径，这就是周密计划。千万不要用执行的勤奋，掩盖计划的懒惰。

制订一个好的计划，不是要花大量时间在精美的表现形式上，比如高大上的图表设计或漂亮的PPT，而是要花大量的时间在调查研究上。只有经过充分的调查，我们才能获得准确的数据和信息，从而确保计划的科学性和可行性。

第二步，严格执行。

执行是大家唯一不会忘记的，因为总得做事，但也因此执行成为很多人唯一的一步。

执行的关键是经理要把目标拆解为任务，第1章介绍过如何进行拆解。有了基于计划分解并分配到每个人任务栏里的、有时间限制的具体任务，执行就变得责任明确、优先级清晰。

第三步，同步检查。

"用人不疑，疑人不用"，这句话没错，你对人是不疑的，但是你对事是要检查的。不疑人，但要查事。

大约4700年前，就有一个很好的同步检查案例。古埃及国王胡夫的父亲曾盖过一座弯曲金字塔，为什么叫这个名字？因为这座金字塔一开始跟地面的夹角约为55°，建造到一半，发现如果继续以这个角度建造下去的话，塔身可能会因无法承受整个结构的重量而坍塌。于是，他们就把这个角度改成大约 43°，并继续建造。最后塔身是弯曲的，大家就叫它弯曲金字塔。

所以，如果计划存在隐患，执行过程中你又没有及时发现的话，最后得到的很有可能就是一个残次品。因此，在执行过程中一定要不断检查，及时找出并解决问题，最后才有可能达成任务目标。

那到底要检查什么？检查现状相对于计划中设定的标准的偏移度。我们一开始制订计划的时候要明确时间标准和任务标准，有了这些标准之后，你才知道结果与标准是不是有差距，如果有差距，就要查找问题所在。

第四步，及时调整。

及时调整就是基于检查出来的结果做及时改进，并把成功的经验加以推广，固化成流程或标准，同时把发现的新问题放到下一个 PDCA 循环里。这是最重要的一步，循环就是由一组首尾相连、不断提高业务水平的闭环构成的。及时调整这一步要是提升了，每一次闭环都往上走一步，工作水平就能实现螺旋式上升。如果没有往上走，就是简单的重复；如果往上走了，就是迭代。

用 PDCA 提高客户满意度

我们先来看一个具体例子。

你是客服部门的经理，老板对你说，目前客户满意度只有75%，竞争对手的客户满意度是95%，你们一定要提高客户满意度，至少从75%提高到90%。你会怎么做？

第一步（P），你要分析客户满意度不高的原因，然后做计划。

调查之后发现，原因主要有：客户每次打电话投诉，员工解决问题的时间太长，平均3天才能处理好；或者客户听完解决方案之后觉得有道理，可是步骤太复杂，做的时候又忘了，还要再打电话问一遍；还有些客户觉得，客服在回答问题时总是冷冰冰的，影响他们的心情。其中，第二个因素占比最高，有60%的客户都是因此感到不满。那怎么办？

第二步（D），解决"客户听完了觉得有道理，但后来又忘了"的问题。

在电话里给客户讲完问题解决办法之后，员工还要把具体的3～5个步骤写成一条短信发给客户，这样就不怕客户忘了。

第三步（C），调研用户反馈。

有些客户反馈说，真好，没想到你们还提供这项服务。还有些客户说，有的问题比较复杂，文字还是看不懂，要是有张图就好了。可是发短信不能带图，怎么办？

第四步（A），及时调整。

第一，把发短信列入工作流程。

第二，启动下一个计划——解决发短信不能带图的问题。

这个时候非常关键，因为在第一个闭环的基础上，第二个闭环启动了。

第一步（P），怎么才能带图？

用彩信、微信公众号，还是电子邮件？

彩信？很多人不用彩信，而且发的图片也不够清晰。电子邮件？很多人没留电子邮箱，他们也不用电子邮件。那么微信公众号呢？用公众号文章发图不错，而且还有额外的好处：微信公众号关注者会增加。于是，你决定在公众号上发文章。

第二步（D），微信公众号。员工回答完客户问题之后，请员工把方法写成文章，并在文章最后附加简洁明了的操作步骤图片。把文章在公众号发布，然后让员工发一条短信给客户：刚才您的问题解决了，我们把这个解决步骤写在微信公众号文章里了，请您关注某某公众号，然后回复"34567"，就能看到解决这个问题的步骤。

第三步（C），检查公众号后台的反馈。

检查发现，有很多人关注、留言、表扬这项服务做得真好。

也有用户反馈说，文章好是好，但很慢，我早上提的问题，你第二天才给我整理成文章。

检查出了新问题，怎么办？调整啊。

第四步（A），及时调整。

可以设计一个文档模板，依次讲问题的症状、原因和解决方案，再把操作步骤制作成图。这样员工就可以把内容填入模板，本来写文章要半天，现在1小时就可以搞定，这样就不用等到第二天出文章了。

搞定客户遗忘解决方案的相关问题之后，大家又发现，机器崩溃的问题很重要，需要马上搞定，不然会严重影响顾客满意度。怎么办呢？第一步（P），设计机器崩溃问题在最短时间内得到处理的流程。如此，又一个闭环启动了（见图5-3）。

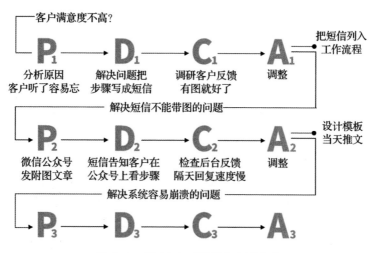

图5-3 用PDCA提高客户满意度

这就是PDCA。这就叫作"提高靠循环"。

小
结

我们所说的循环，是由一组首尾相连、业务水平不断提高的闭环构成的。每一个闭环结束，经理可以接受这个闭环不完美，但是不能接受下一个闭环的业务水平不提高。

怎么才能做到提高？我们介绍了 PDCA 这四个步骤：周密计划、严格执行、同步检查和及时调整。

学员案例与感悟

周树涛　PDCA 就像上学时做应用题。首先你要解题，弄明白这是个什么问题，并根据问题和线索找到解题思路，这是 P（计划）。然后按照思路列公式进行计算，这是 D（执行）。计算的时候，可以边列公式边验证解题思路对不对，是不是在向最终的答案靠拢，这是 C（检查）。如果发现解题思路走不通，那么就要及时调整思路，或者干脆换个方式，直至解决问题，这是 A（调整）。经过这个解题过程，不仅同类的应用题都会了，而且有时还会发现更简便、更通用的解题方法。

张玉杰　讲一个令我印象深刻的失败案例。在一个项目里，负责需求调研的同事把用户的需求反馈回来，项目组内部开了评审会，制订了详细的执行计划方案，任务步骤也拆解得很清楚。P(计划)与D(执行)做得都没有问题。但是在检查最终交付结果时，发现有一个表格没有按照客户的要求设计，未能实现用户的一个统计需求。而且这个问题出现在前序环节里，一旦改动，整个产品的设计都要改动，设计、开发、数据处理、测试、部署都要重新来一遍，将导致项目交付延期。复盘追溯问题时发现，就是表格设计完成后，需求负责人没有及时检查设计导致的（缺少C）。

发展靠规划

执行靠闭环，提高靠循环，其实讲的是短期和中期的事。短期内完成任务靠闭环，经理有无数需要执行的事在手边，要靠闭环，不能有漏洞，不能出现不了了之的情况；中期的团队成长靠循环，就是闭环之间首尾相连，业务水平不断提高，团队能力才能不断增长。那长期呢？长期的做大做强靠规划。

很多经理缺乏长期观念。比如老板问经理：从"兵头"做到"将尾"，你最大的责任是什么？经理回答：带领团队，使命必达，老板指哪儿打哪儿，不论你说打哪个山头，我保证带着团队打下来！

这个回答豪情万丈，让人感觉此处应有掌声。但是这对吗？

我认为这不对，至少不完全对。

仅靠战术上的勤奋，打不下明天的山头

你的工作，不仅仅是带领团队完成今天的目标，还要带领团队完成明天的目标——老板明天会有更大的目标，老板明天想打更艰巨的战役。你不仅要拿下今天的山头，还得为老板明天想打的仗做好充分的准备。否则，你会在赢得今晚的荣誉后，在明天被淘汰掉。

所谓充分的准备，是指你要明确明天的目标是什么，打下明天的山头需要什么样的武器，带领明天的部队需要什么样的能力提升，这是三个终极拷问。但是，大部分经理都做不到。

我们来看一个经理的工作自画像：

每天早上先开部门的每日站会，接下来开项目例会，然后再开领导例会。开完三个会之后，就做 A 项目，然后是处理 B 项目，接下来是 C 项目。最后是制度流程方面的工作，讨论数据库优化方案。

从早上 8 点到公司，一直到晚上 7 点多离开公司，他的时间被塞得满满当当。而且这种情况几乎是日复一日，每天都疲于奔命，只顾着处理这些眼前的事情，而忘了抬头想一想以后的发展规划。

他的同级以及下属一线经理也都存在这种情况——"用

战术上的勤奋掩盖战略上的懒惰"。为什么会这样？正如美团的王兴所说：多数人为了逃避真正的思考，愿意做任何事情。

时间管理的基本原则，首先要做重要又紧急的事，其次做重要但不紧急的事。但很多人把重要又紧急的事做完之后，会接着去做紧急但不重要的事，因为它们迫在眉睫。

做紧急的事会让自己获得一种付出的安全感——快速完成任务后的安心与放松；做重要但不紧急的事，比如每天的学习任务，你很可能会觉得焦虑，因为它的效果没有完成紧急任务那么立竿见影。为了逃避焦虑，你会让紧急的事情塞满自己的时间，但它们基本都和发展、成长无关。这时经理就像一只跑滚轮的仓鼠，或蒙着眼睛拉磨的驴，感觉自己是在一直往前走，其实是在原地打转。

那应该怎么办？

要懂得规划。规划就是：跳出日常工作，站在三年后，悬在半空中，用"上帝"视角看待团队，然后以终为始。

为什么要做规划？因为你成为经理了。

员工是直接面对任务的，任务的内容、时间和人员往往都被经理安排得明明白白。而经理则是通过员工来执行具体任务和完成目标的，所以工作中经常做规划。

执行者活在当下，眼中看到的可能都是紧急的事；可是成为经理之后，你要培养管理者思维，活在未来，眼中看到的应该都是重要的事（见图 5-4）。因为，未来很快会变成当下。

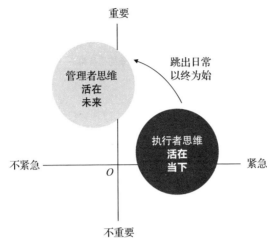

图 5-4　活在未来

看五年，想三年，认认真真干一年

我们说发展靠规划，那要怎么规划呢？

规划就是不断从具体事物中抽身出来，进行前瞻性思考，谋定而后动。具体来说，做好规划有三步（见图 5-5）。

第一步，练习做三年规划。

三年规划要问三个问题。

问题一：三年之后，我的业务是什么样子的？

具体来说就是，三年之后，我们获得了什么样的成就；我们为公司创造了多少利润；我们在别人心目中会获得什么样的认可。

图 5-5　做好规划

　　举个例子，2013～2018 年，我创办的润米咨询的主要增长来自线下培训咨询和线上课程。几年下来，线下培训咨询和线上课程这两条业务线都获得了比较大的影响力，同时我的时间也被它们占满了。我必须思考，公司的第三增长曲线是什么。所以在 2018 年 7 月，我规划好好做微信公众号，一开始招了两个人，过了一年半，有五六个人了。

　　这一年半我们一直都不赚钱，只是不断地输出有价值的文章。因为我想的是三年之后的 2021 年，公司的收入不能完全取决于我的时间，不然公司的发展很容易触及天花板，所以必须提前为此耕耘。

　　一年半下来，公众号的粉丝数突破 60 万，我们尝试了广告推广业务，尝试了"润米优选"，并开始了"润米造物"。如果不是在 2018 年做好了三年规划，只是一门心思地往前冲，靠老业务获得收入，那么三年之后很有可能环境发生了变化，企业增长乏力。

所以，做规划首先要问自己，三年之后要做什么。

阿里前人力资源副总裁黄旭老师，向我介绍了一个做三年规划的优秀案例。黄旭曾经投资过一家跨境电商公司，它能做到人均年营业收入 380 万元，这个数字远超大部分企业。他们是怎么做到的？

这家公司的创始人说，这不算什么，其实他只需要一半的人，就能取得这个成绩。换句话说，公司的人均效率还可以再翻一倍。那为什么还要招这么多人呢？他说，因为公司还需要另一半的人去做明年和后年的事。比如公司有一个 100 多人的研发团队，目前不创造一分钱的业绩，他们在做的是明年和后年的事情。

这家公司是做三年规划的好榜样。黄旭喜欢用"三块肉"来形容三年规划：吃一块，夹一块，看一块。做企业要学会吃在嘴里，夹到碗里，看着锅里。

问题二：三年之后，我的同事是什么样子的？

具体来说就是，三年之后，他们达到什么样的水平，大概有哪些方面的能力，有什么样的背景。我们的公众号只靠内容增加粉丝，而读者对文章品质的要求只会越来越高，所以公众号团队招的每一个人，其写作水平都要超过当前员工的平均写作水平。

问题三：三年之后，我自己是什么样子的？

我希望三年后，公司一半以上的收入是与我自己的时间无关的，我可以去开拓公司的第四增长曲线、第五增长曲线。

第二步，确定最近一年要做的三件事。

根据大家的工作经验，一年下来，虽然事情多如牛毛，但真正对你和你的部门有重大影响的，一般不会超过三件事。贪多嚼不烂，一年聚焦三件事，足以让部门有所成长。

举个例子，为了实现三年规划的第一个目标，团队的业绩要翻三番，那么今年的业绩必须要增长100%，这是第一件事。第二件事，今年团队必须把末尾20%的员工淘汰掉，然后招到高于现有员工平均水平的人。第三件事，作为经理，自己一直都不太善于沟通，今年要参加一些培训，让自己能够很好地开会和进行一对一谈话，尽可能地降低信息损耗。

第三步，设定一年三件事的衡量指标。

设定衡量指标的第一原则：有总比没有好。

任何管理都需要评估，评估就需要衡量指标。没有衡量指标，就没办法客观地评价团队、评价自己。你可以不用衡量指标来考核，但一定要有衡量指标。它们就像汽车的仪表盘一样，指示着车辆的运行情况。

设定衡量指标的第二原则：可衡量、数据化。

对于公众号，其衡量指标之一是文章质量要高。

但是，"文章质量高"这一表述过于笼统。为了实现衡量指标的可衡量和数据化，我们可以参考公众号管理后台的相关数据，比如阅读量（文章质量高才会有人读）、转发率（文章质量高才会产生转发）、新增关注（文章质量高，新用户才会关注）。

这些数据都有指示作用。我们最终选择"新增关注"作为可衡量、数据化的衡量指标，来评价文章质量。

设定衡量指标的第三原则：分清楚前置指标、后置指标。

前置指标就是结果还没有发生，但你一看到前置指标，就能预测到这件事会出问题。比如说我们每天必须见 20 个客户，才会产生销售，这就属于前置指标。

后置指标通常是财务指标，比如公司今年完成的销售额是 2000 万元，没有达到原定的 2500 万元目标，这个 2500 万元就是后置指标。很多人说 KPI 这种考核方式有很大的问题，其实并不是 KPI 本身有问题，而是应该把关键的前置指标而非后置指标作为 KPI 考核指标。

比如美国西南航空公司的营业收入（后置指标）很不错，这是因为它成本低，进而实现价格便宜，机票不愁卖不出去。而实现低成本的关键是它关注了空驶率，别的航空公司从落地到再次起飞需要 1 小时，西南航空公司只需要 10

分钟，空驶率很低。因此把空驶率这个关键的前置指标作为KPI，就能实现年度营业收入目标这一后置指标了。

我们要多关注前置指标，少关注后置指标。

小结 员工可以活在当下，管理者必须活在未来。因为未来，很快会变成大家的当下。

怎么才能做到活在未来？要懂得规划。规划就是：跳出日常工作，站在三年后，悬在半空中，用上帝视角看待团队，然后以终为始。

怎么做好规划？要做三件事：练习做三年规划，确定最近一年要做的三件事，设定一年三件事的衡量指标。做好这三件事，就能打造出一个不断发展的团队。

学员案例与感悟

习习　公司开季度会议的时候，大家怕的就是做总结，更怕的是做下个季度的计划。一方面是大家比较怕写东西，另一方面是害怕动脑，当然也是想着不用担责任，反正计划是领导定的，错了也是领导的责任。

李春朋　我在公司的一部分人眼里是善于规划的。我很早以前就在思考战术上的勤奋和战略上的懒惰这个问题。倒不是因为雷军，而是从我一个亲戚身上开始反思的。他是个农民，全村数他最勤快，他的作息表时间一点不输于李嘉诚、稻盛和夫，早晨四点半就起床去地里干活。他也聪明，会的手艺很多，但他却是我们亲戚中最穷的。我也曾因为他的经历怀疑过人生，但雷总提出的"用战术上的勤奋，掩盖战略上的懒惰"，算是解答了这个问题。

晏娜　我的三年规划：

三年后，我已经开了多种类型的实体门店，并且都取得了成功，也总结出了一套属于自己的方法和复制培养标准。

三年后，我的每一位同事都是某个小领域的专家，她们非常擅长自己的领域，当我们一起合作时，能够事半功倍。

一年三件事：

第一件事，提高培训能力，新人入职 2～3 个月，可以达到中上水平。

第二件事，持续对店内的服务细节、产品、环境进行优化。

第三件事，开一家可以摆脱同质化竞争，并让顾客心情愉悦的实体门店。

制定评价指标和考核标准：

> 第一件事，以"新人的能力考核成绩＋成长时间"作为标准进行测评；以所有人能力的平均水平作为新人的考核标准。
>
> 第二件事，以顾客满意度、顾客复购率、客单数等作为门店的评价指标。
>
> 第三件事，以营业额和利润作为考核标准。

健康靠文化

关于协作，我们已经讲了三件事，并给出了相应的解决方案：短期内完成任务靠闭环，中期的团队成长靠循环，长期的做大做强靠规划。你已经开始懂得，如何让一个团队很好地协作，在短期、中期和长期共同创造价值了。

下面你要开始学习第四件事，降低自己的重要性，让自己在团队里越来越不重要。如果经理不重要，那什么重要？文化更重要。

为什么文化更重要？我们通过一个例子来说明。

很多新任经理容易犯一个错误，叫作"容忍黑"。什么叫作"容忍黑"？

举个例子。有个员工老是迟到，其实他过去也迟到，只是你当时不关注罢了。现在你当了经理，他是你手下的员工了，你开始关注他，并且突然意识到他总是迟到。

那怎么办呢？

批评的话你说不出口，因为你刚升任经理。那就先做个示范吧，你每天准时到公司，对大家说每天准时上班很重要，大家都说好，但这个员工还是不准时。

然后你只好找他当面聊，告诉他每天 9 点准时上班很重要，工作太忙太累偶尔晚几分钟没关系，但如果比 9 点半还晚，那就不行了。他说，知道了。

但你发现，他本来只是晚几分钟，慢慢竟然变成了 9 点半到。再过几天不仅他迟到，其他人也开始迟到了。因为大家知道你的容忍极限是 9 点半，所以你一开始看到的是零星的人迟到，后来慢慢变成了零星的人不迟到。

然后你就发现，9 点半逐渐变成了大家默认的上班时间，甚至有人开始比 9 点半还晚。

你抓住一个迟到的人，问他为什么这么晚？他说路上堵车。你说这不行，堵车也不能 9 点 31 到。他一脸不高兴地说："至于吗，我才迟到了 1 分钟。"

你一口鲜血喷在屏幕上，他已经默认 9 点半上班了，这就是"容忍黑"的结果。

社会协作离不开人性、道德和法律

怎么解决"容忍黑"这类问题？我们要重新理解"文化"。人类文化、企业文化，都是为了让人们更好地协作。

再小的公司，再小的团队，都是一个共同协作体，就像整个人类社会是共同协作体。理解了人类社会的协作，就能理解整个公司的协作。

要理解人类的协作，我们要先理解三件事：人性、道德和法律（见图5-6）。

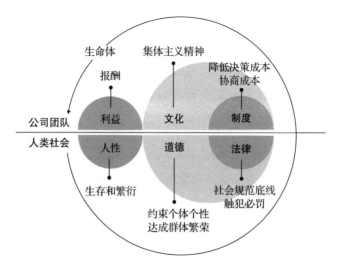

图 5-6　人性、道德和法律

我们每个人的人性，其实只有两点：生存和繁衍。多吃多占是人性吗？是的，这是为了生存。母性是人性吗？是的，母亲保护孩子是为了繁衍。但如果为了人性而生存的话，强壮的人就会掠夺弱者，人们就会变得非常不团结，最后导致群体衰落。

为了群体生存，人们慢慢演化出一套约定俗称的规范。

这套规范就叫作"道德"。比如，感恩是道德，感恩的本质是"预付费制的交换"，你先帮我，我必将帮你，这将润滑群体的协作关系。

而法律则是每个时代的人对道德中的社会规范所划的底线，比如不能杀人，这条底线就是法律。法律是道德的子集，是一旦触犯，必然要受到惩罚的道德。

人类社会是靠人性、道德和法律这三个因素来协作运行的。公司作为一种组织，带有人类社会的基因，也有三个类似的因素：利益、（企业）文化和制度，它们与人性、道德和法律一一对应。

人性追求生存和繁衍，往往表现为注重个人的利益。员工来公司工作，是要获得报酬的，这样他才能生存和繁衍。可是一个人为自身的利益，进一步去侵占别人的利益、组织的利益的时候，公司就运营不下去了，因此公司必须有文化，文化不是刚性的约束，它是大家要倡导的东西，以此让整个公司运行得更好。有的人把文化归结为集体主义精神。

那么，什么是刚性的约束呢？制度。它是企业文化中最小的子集，公司成员必须遵守，比如敢在公司里打架或偷窃的员工，必须予以开除。

前面说过，9 点上班这一制度，是全公司约定好的，目的是共同协作，以提高效率。制度都是有原因的，无论是员工还是经理，都要理解制度背后更深层次的原因。好的制度能降低企业的决策成本和协商成本，降低犯各种错误的概率。

所以怎么让公司健康？靠利益、（企业）文化和制度。它们能让协作效率越来越高，让公司和团队逐渐变成一个生命体，就像一个人一样，能够协调自己的手脚，飞快地奔跑。然后你才可以弱化个人影响，从杀伐决断，到把权力关在笼子里。

打造健康生命体的三个建议

那么，怎么打造健康的生命体呢？有三个建议（见图 5-7）。

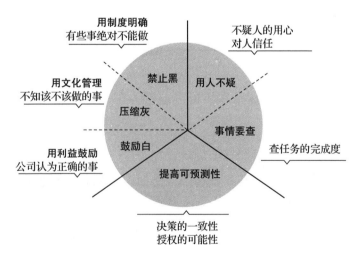

图 5-7　打造健康生命体的三个建议

第一，懂得鼓励白、压缩灰和禁止黑。

鼓励白。就是用"利益"来鼓励那些公司认为正确的事。比如，业绩好就给奖金；对公司的发展有巨大贡献，就给股份。

压缩灰。比如员工只顾自扫门前雪，不去帮助别人，这就是灰度的。你不能说他是坏人，也不能因为这种行为把他开除，这时就要用"文化"来管理。

文化是大家共同的价值观。我给大家分享一下，润米咨询的文化是"激情、承诺、思考、行动、正直、舍满取半"。出了任何一件事，我们可以用这个文化来判断这件事该不该做，如果是我们承诺了的，那就该做。这时该不该做就有一个判断标准了，灰度就会越来越小。这是用文化来压缩灰。

禁止黑。禁止黑就是用"制度"来明确有些事绝对不能做。比如说做新媒体，抄袭就是一条刚性边界，绝对不能碰，哪怕抄袭一点点也是黑，必须严惩。

要从第一天开始就依照制度禁止黑，否则以后很难往回收。一旦你因为这个人贡献很大，容忍了他，就会有一堆人跟随违规，最后覆水难收，因为法不责众。大家要知道，有的时候对制度的捍卫比制度本身更重要。

这就是用利益、文化和制度，来鼓励白、压缩灰、禁止黑。

第二，用人不疑，但事情要查。

"不疑"的是一个人的用心，这是对人的一种信任；"查"的是这件事情本身的完成度。抱着"不疑但查"的心态，你才能用利益、文化和制度来鼓励和规范人们的行为。

第三，提高可预测性。

管理者的决策可预测，自己的升职加薪可预测，这些都有利于提升协作效率。

有的管理者认为不要让下属猜透自己的想法，要把话说得模棱两可，这样自己就不会犯错，就能保住自己的权威性。

我听了很震惊，这种观念简直是误人子弟。

管理者当然要提升自己的透明度和确定性，让员工可预测。假设作为经理的你手下有 10 个员工，他们一年要做成千上万个决策，不可能所有决策都跑过来问你。那么，怎么让员工做决策呢？员工得知道，要是经理遇到这件事，他会怎么决策。如果经理是捉摸不定的，那员工的决策也是捉摸不定的；如果经理的行为是可预测的，那员工的决策也会变得可预测，这样就会大大提升上下行为的一致性，提高团队的协作水平。

我们来看一个例子。一个销售员在和客户谈生意时，客户提出要打折，销售员斩钉截铁地告诉对方："不好意思，这个折扣真的打不了。你要是不信，可以打电话问我的经理。"客户不信，当场打了电话，结果发现真是这么回事。

这个销售员之所以能这么笃定，就在于他对领导可能做出的决策充满信心。他们之间很透明，彼此都知道公司的价值观、正确的做事方式以及不能碰的红线。如此一来，工作就会好做很多，单子可能就拿下来了。

管理者的可预测性，带来决策的一致性，带来授权的可能性。只有可预测，经理才能让自己变得越来越不重要，让利益、制度和文化变得重要，公司才能演变为生命体。

此外，提高升职加薪等管理领域的可预测性，也有助于减少员工的短期主义行为。

举个例子。如果一个人清楚地知道，自己升任经理能拿 1 万元月薪，做到 600 万元营收能拿 12 万元年终奖，他还会不会不断地犯错，违反公司制度？不会。因为他知道晋升和奖金，是他犯错的机会成本。

反过来，如果公司发奖金，完全看上司的意愿，年底发多少年终奖完全不知道。假设去年一年他做得挺好，结果年底没有任何奖金，这时突然有人给他塞红包，你说他会不会拿呢？他可能会想：反正年底不知道发多少奖金，万一像去年一样，一分钱没有呢？今天这 3000 元红包，我先拿了算了。

所以说，如果一个人对未来的收益完全无法预测，那么当遇到巨大诱惑的时候，他大概率会铤而走险；反之，如果一个人对未来的收益完全能够预测，你说他会不会铤而走险呢？可能会，但不会轻举妄动。

在管理上，经理应该给员工确定的预期，越是可预测，那么面对今天的诱惑，员工就越不会冒险。

小结　很多人一提到制度就非常痛恨。但是你要记住，坏的制度是增加企业成本的，而好的制度是降低企业成本的。

再小的团队，都是一个协作体，都有人性、道德和法律问题，对应着组织里的利益、文化和制度，这三者相结合才能慢慢地把一个团队变成一个生命体。

怎么把团队打造成健康的生命体呢？三个建议：鼓励白、压缩灰、禁止黑；用人不疑，但事情要查；提高可预测性。

学员案例与感悟

肖老师　我所在教育公司的文化，基本就是靠老师个人的良知。很多老师来得久了，基本知道怎么回事，所以能偷懒就偷懒，反正老板从来不管教学质量。差老师工作"摸鱼"，好老师觉得不公平，慢慢地工作也不怎么卖力了。时间久了，很多差老师留了下来，好老师都流失了。因为没有相关的制度，处罚很难执行，有些老师的态度是你罚我，我就离职。老板觉得离职处理很麻烦，就经常睁一只眼闭一只眼，不去处罚。结果，他越嫌麻烦，麻烦就越多。

听早雨　关于"可预测性"，我在给下属提供解决问题的指导意见时，经常会在末尾强调一下我做这类判断、决策的原则，这样即便我不在，她们也能在同类问题上做好决策。

EdenWang　我们要做团队文化的发射塔。一个团队总是有自己的团队文化的，没有团队文化也是一种团队文化，一种散兵游勇的团队文化。作为团队的管理者，我们必须争夺团队文化的输出权，做团队文化的主要输出者和发射塔。如果我们不去输出团队文化，那么一定有其他人在输出团队文化，这样的团队文化输出既是散点式的，也是不可控的、情绪化的、不可预测的。

同时，我们要保持敏锐的嗅觉，能够比别人更灵敏地嗅到团队里那些刚刚出现的好味道和坏味道，好味道要鼓励，坏味道要敲打，要及时划定边界。常有人感慨："人心散了，队伍不好带了。"其实人心不是一时散的，队伍也不是一时不好带的，只是他不够敏锐，后知后觉，非等到这个滞后的结果出现时，才扼腕叹息。

格局靠授权

执行靠闭环，提高靠循环。发展靠规划，健康靠文化。

这四件事讲完之后，本节我们来讲"格局靠授权"。

很多人成为经理之后，特别享受当老大的感觉。当看到员工做错事时，他会说，"你放着，我来"。当他熬夜帮下属做好，下属特别感激时，他自我感觉非常好：这才是当老大的样子，老大就是要有担当啊！

其实这是不对的。

在这种状态下，他享受的不是"管理者"的成就感，而是"被依赖者"的成就感。

管理者和被依赖者有很大的区别。管理的本质是通过他人完成任务，所以管理者是要依赖大家的，而不是大家依赖于管理者，那样管理者肩负重任，就走不了很远。

有些经理可能会说：可是他们不会，而我擅长。如果我不做，任务就完不成。

如果这样想，那就是拿着经理的工资干员工的活。说得严重一点，这是贪污，不如开开心心地降职降薪算了。

如果一直延续这种管理模式，还有个大问题：经理会永远都在管理一个工作室、小团队，永远成长不起来。因为他的"格局"不够大。

心里多装人，授予决策权

什么是格局？格局，就是你能管多少人，做多大事。你能管的人越多，做的事就越大。所以，如果你真的想做大事，心里装的应该是人。

格局小的人，心里装的事太多，装的人太少。格局大的人，心里装的人很多，装的事很少（见图 5-8 ）。

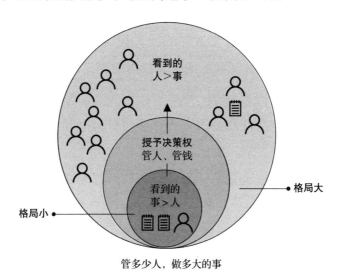

图 5-8　格局的大与小

有一次，西贝餐饮集团的董事长贾国龙带着他的团队，给领教工坊的一个私董会小组做分享。贾国龙讲了一小会儿，说下面的事情我就不知道了，我请我的同事来讲。在听的过程中，有人会问一些问题，并会询问贾总的看法。贾国龙说，"我真不知道"，然后对他手下的高管说，"你来回答一下"。

这些场景给了小组的领教（企业家教练）非常大的触动，因为大家都能看出来，贾国龙是真不知道。很多具体的事情他已经完全不知道了，他就管公司的几个副总裁，他心中装的主要是人，而不是事。公司的绝大部分事，都装在他下边那些管理者的心里。

一个公司的核心竞争力是什么？是那些产品吗？从来不是，而是那些把产品做出来的人。

吴军老师是我非常敬佩的人，我特别喜欢和他聊天，他思考问题的方式让我折服。吴军老师在《富足》一书中，也讲到了授权的重要性。根据他的观察，那些很难把事业做大的人，往往喜欢亲力亲为，懂得精打细算，但是不懂授权。

吴军曾经被请去给一家企业把脉。那家企业经营得不错，但遇到了瓶颈，每年的销售额在几亿元徘徊。吴军了解管理流程后发现，最主要的问题就是创始人没有做大企业的思维。比如企业都已经达到几亿元销售额了，但是10万元以上的费用还需要创始人签字批准。公司每年要他签字批准的单子有好几百张，光签字都要花很长时间。

吴军对他说，"你这样还怎么发展业务？而且你也没有时间去了解每一笔钱是怎么花的"。结果这位创始人说，"其实有些签字就是走个形式"。那就更糟了，他不了解细节，却替下面的管理者承担了责任，这会导致大家"懒政"。

这还不是最要命的，有的项目着急签约，却因为他太忙，不能及时签字批准而卡住了。这位创始人觉得自己在总揽大权，掌控方向，但其实他自己成了公司发展的瓶颈，他的事业当然做不大。

后来，这位创始人请了一位专门的 CEO，把 100 万元以下的财务权下放给他。创始人的精力更多地放在控制各个部门的利润率上，而不是看每一笔钱怎么花。慢慢地，公司的运营效率得到提高。两年后，该公司的营业额大幅增长，到现在已增长了不止 10 倍。

吴军在书中讲这个故事，是想向大家传达一个观念：每个人的精力是有限的，一定要做减法，去做真正重要的事。想要把事业做大，一定要懂得分享，分享利益，分享权力。

说了这么多，你可能还是觉得自己只是个小经理，心里当然要装事了。这是对的，但是，你从员工走向经理，从经理走向总监，未来要成为副总裁、CEO，这一步一步都是从关注事到关注人的过程。当你是员工时，你的眼中都是事；当你当上经理后，你的眼中开始有人，事在员工身上。随着职位的不断提升，可能慢慢地很多事你都看不到了，你看到的更多的是人，这是一个格局不断放大的过程。

想做到只看人不看事，要靠授权。

很多人对授权这件事有很大的误解，他们认为这件事已经交给你了，到时候你一定要给出结果。这不是授权，他们交给你的是事情，是责任。但授权并不是授责，更不是分配工作。

授权授的是什么权？决策权。关于什么的决策权？管人、管钱和管事的权力。

以我的微信公众号"刘润"为例。我的同事帮忙把我的录音整理出来，转化成公众号文章。但是她特别想干一件事，就是希望在发文章之前，我能看一眼，这样写行不行。我说："我不看，这是你的责任，所以由你决定发不发，同时这也是你的权力。"

那我有什么权力呢？文章发出去之后，如果写得不好，我有批评你的权力。这样她的压力更大了，同时也更谨慎地对待文章，更认真地思考，因为她知道权力在她身上，责任也在她身上。当她说"润总，你看一眼吧"，我一旦看了之后，她就非常放松了，因为她把发或不发的权力交给我了，责任也就交给我了。

所以，管理者一定要懂得授权，这样才能腾出时间和精力来做别的事，进而把企业做大。授权同时也意味着，管理者要眼睁睁地看着员工在自己眼皮底下犯错。经理授予下属与责任相匹配的权力，万一下属失败，经理应主动承担起相应的责任。当然，如果员工犯错成本过高，经理需要加以指导。

那到底该怎样授权呢？

授权的五个级别

我们都听说过"韩信点兵，多多益善"这个典故。有人能带 3000 个兵，有人能带 10000 个兵，而韩信则是多多益善。为什么？因为韩信格局大，格局大就是因为他会授权。

怎么才能拥有韩信那样的格局呢？授权有五个级别（见图 5-9），你可以对照着看看，自己是第几级。当你达到第五级时，你就拥有韩信那样的格局了。

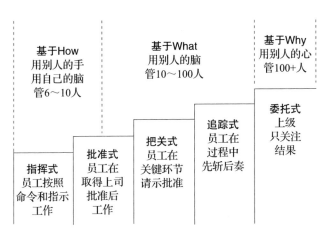

图 5-9　授权的五个级别

指挥式授权：员工按照命令和指示工作

管理者把自己当成三头六臂的人，自己是头，下属是手，完全不需要思考，自己说什么下属就做什么，这就叫指挥式。

指挥式是很多管理者一开始最常用的授权方法，至少他把要做的具体事情交出去了，事情不是自己做了，而是别人做了。这就挺好了，已经往前走了一步。

批准式授权：员工在取得上司批准后工作

员工思考，但是决定由经理来做，这是批准式。员工问："经理，这个问题怎么办？"经理说："你在下班之前做两个方案，我们来聊一聊，看看哪个方案更好。"员工拿着两个方案过来找经理，经理问他："这个方案和那个方案的缺点分别是什么，怎么改进？"员工说，应该这么改进……经理听完，说："不错，你去干吧。"这就叫批准式。

批准式意味着经理开始用到别人的脑了，但只用了一部分，最终的决定权还是在经理手中。经理已经往前迈了一大步，不再只用别人的手了。

把关式授权：员工在关键环节请示批准

一件事有七个环节，经理认为其中第三个环节最重要，因为涉及向供应商付款。经理对员工说："付款环节让我看一眼，其他六个环节我就不看了，决定都由你来做。"这就叫把关式。

这时，经理在很多事务上已经全部用员工的脑了，只不过关键事务还是在用自己的脑，也就是说，除了用了员工的手，更多还用了员工的脑。

追踪式授权：员工在过程中先斩后奏

在一件事的整个流程中，员工可以先斩后奏，可以不请示，但是做完之后还是得向经理报告。这就叫追踪式。这时，经理已经授予员工 80% 的决策权了。

从指挥式授权到追踪式授权，员工最初犯错的可能性会变大，但是，因为在实践中员工的能力也锻炼得越来越强，所以最终犯错的可能性会越来越小。

委托式授权：上级只关注结果

"你想怎么做就怎么做，别来问我，我只看最后有没有把'城池'拿下"，这就是委托式授权。

这种授权方式常见于高层管理岗位，如 CEO、CFO（首席财务官）、CTO（首席技术官），以及所有合伙人级别的管理层。委托式授权的本质，是这件事已经是下属的事了，而不再是上级的事，双方之间是结果交付关系。

这五个授权级别，本质上就是从授权"怎么做"，到授权"是什么"，再到授权"为什么"。

基于"怎么做"授权的，你用的是别人的手和自己的脑，你只能管 6～10 个人。

基于"是什么"授权的，你用的是别人的脑，"这件事你必须完成，至于怎么完成，你自己想办法"。这时你大概能管 10～100 个人。

基于"为什么"授权的，你用的是别人的心，"我们一定要到达目的地，因为到达目的地之后，我们将获得巨大的胜利"，比如微软所说的"我们能让全世界每个家庭都有一台电脑"。用别人的心的时候，你能管 100 人、1000 人、10000 人，多多益善。

重读《创业维艰》一书，我收获了一个感悟：公司是由一群人组成的，而且大家都是聪明人，聪明人有自己的想法，并想要表达和实践自己的想法。如果你浪费甚至扼杀了大家的聪明才智，那么对公司来说是巨大的损失。

要有足够多双眼睛，才能让问题浮出水面；要有足够多个头脑，才能让问题得到解决。

小结

格局小的人，心里装的事太多，装的人太少。格局大的人，心里装的人很多，装的事很少。

从眼中全是事到眼中全是人，是你从员工成长为高阶管理者的关键步骤。做到只看人不看事，要靠授权。授权有五个级别：指挥式授权、批准式授权、把关式授权、追踪式授权、委托式授权。

> 从第一级授权到第五级授权，本质上是从授权"怎么做"
> 到授权"是什么"，再到授权"为什么"；也就是从用人
> 的手，到用人的脑，再到用人的心。

学员案例与感悟

肋骨　人的精力和时间是有限的，这会倒逼经理去授权，我就是很好的例子。虽然这期间会有一个纠结的过程，但是一旦熬过去了，你就会发现授权的好处：地球离了谁都会转，而且会转得更精彩。

大树　在老业务上，我刚尝试过一次完全的追踪式授权，导致项目延期一周，项目负责人绩效降了 2 级。尽管我主动替下属扛下了这个雷，但我能明显感受到下属跃跃欲试的积极性，以及想做得更好的决心。

黄安琪　针对不同的人，我会采用不同级别的授权方式。

对于经验较少的、主要担任执行角色的员工，我会用指挥式授权，这样既能用好人，也能防控风险。

对于有半年岗位经验的、自己会主动思考的员工，我会用批准式授权，以培养员工的思考力。

对于小组长，我会用把关式授权，针对关键节点来审批，整体的流程推进可以由他自己去主导。

对于负责一个项目的主管，一般我会使用追踪式授权，只要一开始的预算和方案报批通过了，那就由主管去统筹整个项目的决策，遇到问题了再去追究责任。

对于事业线的负责人，我会使用委托式授权，直接下达组织目标，今年这个部门要达成什么结果，具体如何做都由这个负责人去制定相应的策略和执行步骤，我只看每个季度的结果就可以。

小光　根据权责利匹配原则，授权越大，下属的责任就越大，同时激励也应该越大。很多领导、经理，仅仅是把责任放了下去，但权力和利益没有同步放下去，这就造成了错配。打个比方，你让我上阵杀100个敌人，这是责任。但你得让我使用武器，让我能指挥我的小队，不能让我绑着手脚上战场，这是权力。当我带队杀了100个敌人时，你得给我相应的奖励，必须论功行赏，否则我不可能流血流汗去杀敌，这是利益。

我们事业部有个原则，项目经理能干的工作，合伙人不会干，咨询师能干的工作，项目经理不会干。这其实就体现了授权的思想。现在做项目时，常规的报告我是不会写的，比较难的报告我会做顶层设计，过程中也会给予指导。根据任务难度的不同，五种级别的授权方式我都会使用。

效率靠流程

学了这么多，我们开始明白一个道理：复杂是成熟的代价。孩子天真无邪，但他终将长大，否则便是一个巨婴。

今天，我们要讲从员工晋升到经理，也就是从孩童走向成熟的一个关键：理解流程的意义，掌握制定和优化流程的方法。

大公司都有财务流程和法务流程。一个销售员跟客户谈完后，兴冲冲地回到公司签合同。结果财务说这条不行，法务说那条不行，好不容易调整到合规了，还要审批、盖章、签字。销售员往往对这些流程深恶痛绝，说公司官僚、复杂、有问题。

很多人讨厌流程，总觉得有些部门故意用低效的流程刷存在感。真的是这样吗？

把复杂的事情、类似的决策标准化

或许你不相信，但是，这些流程的确是用来提高效率的。

这怎么可能？如果不是这些流程，我的合同早签了；如果不是这些流程，发布会早开了。就是因为它们的存在，工作效率才降低的。

我在第 4 章给大家举过一个例子，升任经理之后，你被员工反复问同样的问题，时间被大量占用，一段时间后就会感到很烦躁。我们再来看两个生活中的例子，你觉得护士是天使，应该很有耐心，但有些时候她们其实并不算很有耐心，甚至表现出有些不耐烦。你到火车站问工作人员，洗手间在哪里，他很可能也会不耐烦。为什么这些人的服务状态不如你想象中的好？

站在他们的角度想一想，你就会明白，每天问护士这个科室怎么走的人，可能有上百个，她前几次态度非常好，可是讲到第 100 次、第 1000 次的时候，她早就失去热情了。火车站的工作人员也是这样的处境。面对同样的事情，做重复的决策，效率会大幅降低，而且人也会越来越没有成就感。

流程就是把复杂的事情、类似的决策标准化。比如有人问：护士，我看胃病要怎么办？她立马递过来一张打印好的纸，说你按照这上面的步骤一步步来就行。患者拿到纸说：这样不错，谢谢。通过这样做，护士少说了好多话。

那么，流程真的提高了效率吗？当然是。

经常有同学跟我说，流程真的有那么重要吗？为什么要弄这么多条条框框呢？为什么要搞得这么复杂？团队不是越灵活越好吗？不难看出，这些问题的背后都带有情绪。

为什么提高效率的流程会让你觉得难受呢？因为流程为了提高效率给你带来了约束感。

打个比方，制度就好比安全带，流程就如同道路的边界。你在大草原上随便开车固然自由自在，但你知道怎么开最安全、高效吗？道路的边界帮你规划好了行驶路线，在这条道路上开才是最安全、高效的，当然它同时也给了你约束（见图 5-10）。

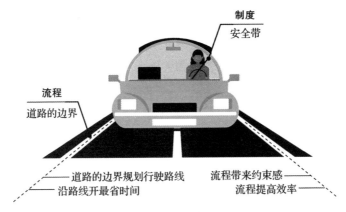

图 5-10　制度与流程

通过流程提高效率，是一个经理从简单走向复杂、从孩童走向成熟的必修课。

什么是流程？流程，就是一个或一系列连续有规律的动作。这些动作以确定的方式发生、执行，直接推动特定结果的出现。驾驶员就是靠着一系列连续有规律的动作，在驾驭一大堆杂乱无章的零部件，而不是靠着对每一个汽车零部件的深刻理解来驾驶汽车的。公司管理，也是如此。

流程是"怎么做"的标准化，愿景是"为什么"的标准化，价值观是"是什么"的标准化。流程、愿景、价值观都是用来提高效率的，一旦它们标准化之后，效率就能得到提高（见图 5-11）。

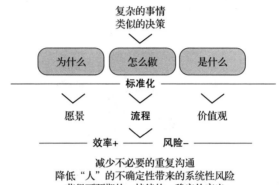

图 5-11 提高效率靠流程

怎么理解流程是"怎么做"的标准化？当员工不知道怎么办，不知道下一步找谁，用什么资源的时候，他可以看一下流程。流程是基于前人的宝贵经验、踩过的坑，把可能的路障和陷阱都排除掉之后的安全路径。这个路径相当于一台决策计算机自动化执行的脚本。

总之，流程的目的是提高效率，降低风险。第一，流程能够减少不必要的重复沟通。第二，流程可以降低"人"的不确定性带来的系统性风险，对于企业已经探索过无数遍并已经找到最优路径的事情，就没有必要让员工再去自行探索，以免掉进陷阱带来系统性风险。第三，企业可以让员工凭借流程，获得可预期的、持续的、稳定的产出。

流程的建立、优化和固化

那么，怎么用流程来提高效率呢？有三个步骤（见图 5-12）。

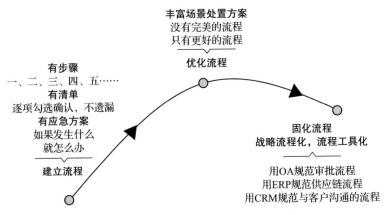

图 5-12　用流程提高效率的三个步骤

建立流程

作为员工往往是痛恨流程的，但成为经理之后，你要开始喜欢流程。出现新业务或增加新事项时，你还要建立流程。经理必须站在为员工服务的视角去建立流程。一套高效的流程能够清晰地指导流程中的每一个关键人去执行哪些动作，进而辅助事情取得成功。

那怎么建立流程呢？你可以做三件事。

一是明确步骤。《高效能人士的七个习惯》是对我帮助最大的培训。这个培训课程是美国人史蒂芬·柯维开发的，实际给我们做培训的是一个新加坡人。那怎么能保证培训课的品质呢？他们建立了一个流程。这个新加坡人不是讲师，而是引导者（Facilitator），他手里有一本操作手册。他先播放史蒂芬·柯维的视频，视频放完之后，他会从三五个问题里选出一两个来问学员，引导大家得出课程的答案。

通过明确具体的操作步骤，柯维所有培训课的品质非常接近，所以，他的培训课就可以卖向全球。相比较而言，中国很多讲师的培训只能局限在本地，甚至有些培训课只有课程开发者自己才能教。

二是制作清单。医生查房时，护士手上都会拿着清单，一项项勾选确认，保证不遗漏必须询问病人的问题。在飞机上也是一样，空姐也是按照清单检查每一项工作的。按清单做事，能保证不遗漏。

三是明确"如果……就……"。预先明确"如果……就……"，能够在一些关键点上为做决策提供依据。比如，飞机上都有应急方案，如果出现什么状况就怎么操作，写得清清楚楚。再比如，《得到运营手册》规定，如果课程里举的是不太好的例子，就用"我们"，而不要用"你们"。例如不要说"如果你们生病了"，因为有的用户会觉得晦气，而要说"如果我们生病了"。

优化流程

肯德基、星巴克的点餐流程早就设计好了，但它们也会进行优化。有一次，我去星巴克点咖啡，前面排了好多人。突然有个小姑娘走过来对我说，您想点什么，我们先帮您做起来。我说要一杯热拿铁，她就在纸片上写了"一杯热拿铁"。我在继续排队的同时，拿铁咖啡已经开始做了。等我点完单、付完钱，咖啡已经做好了，这为我节省了很多时间。这就叫优化流程。

固化流程

华为有个著名的观点，即管理改革要"先僵化，再优化，再固化"，体现了华为对流程的尊重，这是华为发展壮大的原因之一。

所谓固化流程，就是将流程形成文字、制度。流程固化下来之后，并不会立刻变成现实，经理要培训员工，要树立标杆，鼓励大家在实际工作中应用，不断地熟悉。在这个通过流程提高效率的过程中，经理务必要坚持下去。

我们常说，战略流程化，流程工具化。你可以借助一些系统工具来实现流程的固化，避免有人逾越流程，或悄悄绕过流程。例如用 OA 规范审批流程，用 ERP 规范供应链流程，用 CRM 规范与客户沟通的流程。

公司在成熟期，管理是最重要的，我们要从"没有管理就是最好的管理"过渡到"向管理要效益"。公司壮大之后，决策层会发现创业期的许多管理方法都是在抖机灵，耍小聪明，因此决定要从"游击队"变成"正规军"。经历过公司创业期的经理，可能会怀念那时的大碗喝酒、大块吃肉、歃血为盟，但是这就相当于一个人长大后对自己童年的缅怀。也许经理会"讨厌"公司规范化管理的样子，但这是成长的代价。

冗余，是健壮的成本。复杂，是成熟的代价。

小结

流程是"怎么做"的标准化，愿景是"为什么"的标准化，价值观是"是什么"的标准化。

流程不是用来降低效率，而是用来提高效率的。你觉得流程让你难受，是因为在提高效率的过程中，它给你带来了约束感。流程就像道路的边界，它会带你走上正确的方向，从而节省时间。

有流程很重要，但更重要的是尊重流程，最重要的是要不断优化流程，因为流程是阶段性产物，它可能是不完美的，并且会随着环境的变化而变化。流程需要固化成文字、制度，但它不能彻底固定，因为它一直处在持续优化的过程中。

没有完美的流程，只有更好的流程。

学员案例与感悟

大树　建立流程是个痛苦的过程。从 0 到 1，是最困难和最痛苦的。开始都是解决一个个小的问题，慢慢扩展成线，最后变成一个体系。流程需要根据实际情况，不断迭代优化。我进公司 4 年，公司的项目实施手册更新了 7 版。对照初版与 7.0 版本，几乎是推倒重建的。在流程的僵化、固化方面，我们做得不够好，做着做着就偏离了方向，必须用鞭子抽回去，这个抽鞭子的过程也很痛苦。

怀宽　用流程管理才是真正的管理。凡事由经理拍脑袋做决定，不交给员工，这样的团队是成长不起来的。

我带的团队是个小团队，听润总讲授之前，我以为很多问题现在不需要考虑，等人数多了再去解决，比如奖惩机制、激励机制、流程化和授权。现在我明白了，其实这些事情没有做，团队就不会成长。

小光　如果把流程思维内化到我们的生活里，会极大地提升日常效率。

我们老板就给他家的保姆建立了工作流程。在清洁方面，明确了每天需要打扫的地方，如地板；每周需要打扫的地方，如玻璃；每月需要打扫的地方，如抽油烟机。在做饭方面，列了 10 个荤菜、10 个素菜、10 个汤，每天排列组合，每季度调整更换一次菜单。这样保姆就少了很多决策的烦恼，主人也不会发愁每天吃什么。

晏娜 听完润总最后一次讲授，又学到了几种制定流程的方法，真是及时雨。

建立流程：比如培训护理流程，第一步做什么，第二步做什么，每一步遇到不同的情况时按哪种标准去执行，等等。

核查清单：可以作为淘汰产品的标准。例如，核查这个产品最近的销量、陈列情况以及市场价格是否偏高等，确认是否将其淘汰。核查清单还可以用在招聘上，例如这个人皮肤过关吗？有学习动力吗？表达能力如何？手的柔软度如何？

"如果……就……"：可以用于一些特殊情况，比如，顾客一个劲地要赠品时我们该如何做；面对顾客投诉，我们该怎么做；等等。这方面一直是我们想做的，但是一直没有找到方法，现在思路更清晰了。

听完润总的全部讲授之后，我觉得非常有价值，帮我减少了3～5年的摸索过程。尤其是动力的六个要素，寻赏、愤怒、恐惧、责任、意义、爱好，为我开启了成为导师的大门，让我了解到如何让一个人充满动力地去努力，去学习，去变得自信和积极。很多时候我找不到方法去激励一个人，于是就一直鼓励，现在得到了全套方法，感觉手里的"武器"多了，关键时刻用什么动力因素，思路特别清晰。这是我收获最大的一点。

POSTSCRIPT ▶ 后记

这是一本我一直想写的书，现在终于写完了。

多年的经理人生涯和企业咨询经历让我意识到，管理水平的提升已经成为企业参与和赢得国内外竞争的一大关键。今天，中国经济的规模已经极其庞大，通过扩大规模来降低成本快走到头了，通过提高效率来降低成本已经成为必由之路。

强化管理教育，是中国经济需要补上的一课。因此，我一直想写一本适合中国经理人的管理读本。

市场上有不少写"第一天当经理"的书。其中有一些写得很不错。但是我希望这本书能不一样。严格来说，和同类书相比，一本新书必然要展现出不一样的东西，不然它就不值得出版。比如，提供不一样的观点、不一样的素材、不一样的故事、不一样的风格。但我希望最不一样的，是这本书能展现出一些管理的"底层逻辑"。因为只有理解底层逻辑，你才能不断结合实践，找到属于自己的应对万千变化的方法论。

当然，仅仅理解底层逻辑是不够的。正如彼得·德鲁克所说："管理，是一种实践。"用古人的话来说，就是"纸上得来终觉浅，绝知此事要躬行"。祝你能"手脑并用"，在实践中感悟对你真正有用的管理方法。

为了方便大家更好地理解和应用相关概念，本书的各个章节都配有丰富的模型图。我精选了一些重要的模型图汇总成了一张图。"一图胜千言"，我将这张图放在公众号里，大家可以通过扫描下面的二维码（左图），并发送关键词"关键跃升"来领取。

最后，我还为本书设计了10道测试题（右图）。每个题面都是一个具体的故事，有人物，有场景，贴近现实。四个选项，生动有趣。答案解析部分，不仅说明了为什么这个答案是正确的，另外三个是错误的，而且介绍了所涉及的商业概念，内容深入浅出，希望你能喜欢。

衷心祝愿，你们都能顺利完成自己的"关键跃升"。

感谢阅读。

推荐阅读

关键跃升：新任管理者成事的底层逻辑

从"自己完成任务"跃升到"通过别人完成任务"，你不可不知的道理、方法和工具，一次性全部给到你

底层逻辑：看清这个世界的底牌

为你准备一整套思维框架，助你启动"开挂人生"

底层逻辑2：理解商业世界的本质

带你升维思考，看透商业的本质

进化的力量

提炼个人和企业发展的8个新机遇，帮助你疯狂进化！

进化的力量2：寻找不确定性中的确定性

抵御寒气，把确定性传递给每一个人

进化的力量3

有策略地行动，无止境地进化

关键时刻掌握关键技能

人际沟通宝典

《纽约时报》畅销书，全球畅销500万册

书中所述方法和技巧被《福布斯》"全球企业2000强"中近一半的企业采用

推荐人

史蒂芬·柯维 《高效能人士的七个习惯》作者

汤姆·彼得斯 管理学家

菲利普·津巴多 斯坦福大学心理学教授

穆罕默德·尤努斯 诺贝尔和平奖获得者

麦克·雷登堡 贝尔直升机公司首席执行官

刘润 润米咨询创始人

毛大庆 优客工厂创始人

肯·布兰佳 《一分钟经理人》作者

夏洛特·罗伯茨 《第五项修炼》合著者

关键对话：如何高效能沟通（原书第3版）

作者：科里·帕特森 等 书号：978-7-111-71438-5

应对观点冲突、情绪激烈的高风险对话，得体而有尊严地表达自己，达成目标

关键冲突：如何化人际关系危机为合作共赢 （原书第2版）

作者：科里·帕特森 等 书号：978-7-111-56619-9

化解冲突危机，不仅使对方为自己的行为负责，还能强化彼此的关系，成为可信赖的人

影响力大师：如何调动团队力量 （原书第2版）

作者：约瑟夫·格雷尼 等 书号：978-7-111-59745-2

轻松影响他人的行为，从单打独斗到齐心协力，实现工作和生活的巨大改变

心法篇

责任 / 沟通 / 关系 / 自我

责任
- 四种责任感
  - 对时间、对任务、对目标、对使命
- 目标和任务
  - 先拆解目标，再拆分成任务

沟通
- 有损沟通
  - 管理者的嘴→员工的脑
- 三套剑法
  - 想清楚、讲明白、能接受
- 四个话术
  - 如果……就……|是的……同时……|你觉得……|你是出于善意……

关系
- 情感和利益
  - "感情"左右的伙伴→"责权利"上下的战友
- 对人和对事
  - 对人不对事→对事不对人
- 关系的本质
  - ×家人 ×朋友 √战斗友谊

自我
- 自我边界
  - 怕错、怕下属能力强、怕下属影响力大
- 全局效率
  - 个人级→父母级→君王级

动力篇 鼓手

发动机	燃料	方向	强度	持久性
防御	恐惧	远离危险奔跑	极强	极短
防御	愤怒	面向敌人战斗	强	短
获得	寻赏	利益所在方向	中等	中等
获得	意义	内心坚定信仰	强	非常持久
结伴	责任	团队前进方向	中等	持久
学习	爱好	专注所好之事	中等	持久

能力篇 教练

方式	目标	实施办法
干中学	完成70%成长	周记、分享、复盘
传授	提炼知识浓度	经历经验化、经验方法化、方法理论化
培训	提升员工能力	认识价值、善用资源、自律+他律
调岗	发掘员工擅长	能力胜任度模型
替换	购买成长时间	识别、解雇、建立外部势能压

沟通篇 政委

方式	途径	怎么做
想明白	搞清楚"为什么""是什么""怎么做"	要区别/明关联/理顺序
说清楚	降维沟通	听＜说＜写＜画
说清楚	善用工具	一对一沟通/即时沟通/电子邮件/走动管理/例会/看板/周报
说清楚	面向未来	流程/制度/价值观
能接受	反求诸己	没有私心/不要偏袒/赏罚分明/展示专业性

协作篇 指挥

状态	方法	实施步骤
执行	闭环	凡事有交代、件件有着落、事事有回音
提高	循环	计划P、执行D、检查C、调整A、新问题计划P……
发展	规划	三年规划、一年三件事、衡量做事的指标
健康	文化	鼓励白、压缩灰、禁止黑；人不疑，事要查；可预测性
格局	授权	指挥式、批准式、把关式、追踪式、委托式
效率	流程	标准化："怎么做"-流程/"为什么"-愿景/"是什么"-价值观